我有一双天使的翅膀

——谨记铭心的教诲

黑板上的字迹

◇主 编/杨 晶

哈尔滨工业大学出版社
HARBIN INSTITUTE OF TECHNOLOGY PRESS

图书在版编目(CIP)数据

黑板上的字迹:谨记铭心的教诲/杨晶主编. – 哈尔滨:哈尔滨工业大学出版社,2014.6
(我有一双天使的翅膀)
ISBN 978-7-5603-4625-0

Ⅰ.①黑… Ⅱ.①杨… Ⅲ.①儿童故事–作品集–中国–当代 Ⅳ.①Ⅰ287.5

中国版本图书馆CIP数据核字(2014)第040872号

编者声明

本书的编选,参阅了一些报刊和著作。由于联系上的困难,我们与部分作者未能取得联系,谨致深深的歉意。敬请原作者见到本书后,及时与我们联系,以便我们按国家有关规定支付稿酬。

联系电话:0451-86417530

我有一双天使的翅膀

黑板上的字迹——谨记铭心的教诲

策划编辑	甄淼淼
责任编辑	苗金英　张鸿岩
插图绘制	孙　宇　刘美玲
封面设计	刘长友
出版发行	哈尔滨工业大学出版社
地　　址	哈尔滨市南岗区复华四道街10号
邮　　编	150006
网　　址	http://hitpress.hit.edu.cn
传　　真	0451-86414049
印　　刷	大庆日报社印刷厂
开　　本	720mm×980mm　1/16
印　　张	10
字　　数	112千字
版　　次	2014年6月第1版
印　　次	2014年6月第1次印刷
书　　号	ISBN 978-7-5603-4625-0
定　　价	26.80元

前言
Forewords

当春风吹红了桃花,花儿懂得了感谢;

当细雨滋润了大地,万物懂得了生命的开始;

当阳光照耀着笑脸,我们懂得了生活原来如此精彩……

我们倾注全心给小读者们奉上了本套《我有一双天使的翅膀》系列丛书,包括智慧、哲理、历史和童话等内容的小故事。

整套书文字浅显并配有精美图片,符合学生的阅读水平,所选取的皆为寓意深刻、富含哲理的小故事,堪称经典。此外,每一篇小故事都设有"名人名言"和"小故事大道理"等栏目,可以帮助小读者们更好地理解故事、感悟道理。

衷心希望小读者们能喜欢本套丛书,并且从中学到智慧、悟到哲理、知晓历史、品味读书的乐趣!

目录 Contents

第一辑　换只手高举你的自信

- 8　琴　师
- 10　吝啬的老师
- 13　三儿老师
- 17　换只手高举你的自信
- 19　不能忘记的一记耳光
- 22　难忘师恩
- 25　爱的背影
- 29　藏在信里的天使
- 33　难忘的八个字
- 35　最美的眼神
- 38　老师的微笑

第二辑　挂满仁爱的树

- 42　不必为勇敢道歉
- 45　老师，你是我生命里的一束阳光
- 48　在爱里慢慢成长
- 51　我的语文老师
- 54　春天的雨点
- 57　永远的秘密
- 60　美丽的回报
- 62　挂满仁爱的树
- 65　有温度的梦想
- 68　冰激凌的眼泪
- 70　能给予就不贫穷

我有一双天使的翅膀

73　美丽的歧视

第三辑　天使的翅膀

76　同学们，拜托了

79　女教师的47个吻

83　谁弄丢了我的考卷

87　沉默的效应

89　一堂课改变了我

91　我的班主任

94　新来的胡老师

96　杨振宁不忘恩师

98　未报的师恩

101　老师无法拒绝美

104　天使的翅膀

第四辑　美丽的歧视

108　没有一种草不是花朵

110　有种水果叫香蕉

113　一生都不能忘记的老师

115　同学，请大声点

118　我与恩师的故事

121　穿红裙子的语文老师

124　老师的爱是无私的

127　美丽的歧视

130　纸篓里的老鼠

133　永远铭记的一课

136　艾拉的三位老师

第五辑　让自己看见生命中的蓝天

140　改试卷，人生的试卷

143　那一记响亮的耳光

145　让自己看见生命中的蓝天

148　恩师的瘸腿

150　我的老师

153　老师赠送的一件礼物

156　老师的眼泪

编者寄语

　　小读者们,你们就像是一颗颗种子,是老师用他的知识带你们走出最初的懵懂,用爱去滋润每一个小小的你们。"教诲如春风,师恩似海深",我们要感谢老师,因为是他给了每一颗种子成长的机会,让小读者们都有机会去装扮大自然!

第一辑
换只手高举你的自信

他让我举左手而少举右手只是为了让我超越自己，换只手举高自己的信心，赢自己一把啊！在人生的道路上免不了遇到对手和困难，如果不能举起左手，那我们做的第一件事就是"举起自己的右手"……

琴　师　◇佚名

[其身正，不令而行；其身不正，虽令不从。
　　　　　　　　　　　——孔子]

上小学的时候，有一阵我对学拉二胡简直到了痴迷的程度。每天放学从教音乐的沈老师窗前经过时，从里面飘出来的那悠扬或凄婉的琴声总是让我挪不动脚步。多次登门恳求后，沈老师终于答应收我为徒。

在沈老师的悉心辅导下，我的演奏技艺突飞猛进。进了中学宣传队后，我便成了各种舞曲的"首席演奏员"，拉的《赛马》《二泉映月》等独奏曲成了校对外演出的"压轴戏"。

有一次，省歌舞团来招收小演员。当时我们几个小伙伴兴奋不已。大家羡慕地说，沈老师那么喜欢你，队里就你能上台演奏，这次进省歌舞团肯定没问题。

我以为沈老师会把我推荐上去。过了一周，直到其他几个演技平平的同学欢天喜地地登上开往省城的长途客车的那一天，我才躲在一个角落里悄悄地落下了泪水。事后，沈老师对我要么闪烁

其词，要么欲言又止。我百思不得其解。从此，我心里对这位"恩师"产生了一股悠悠的积怨。直到我上了高中的一天，沈老师专门去我家表示"道歉"，解释了事情的原委。尽管我心里对他已全无好感，但还是耐着性子听他讲了起来："孩子，我知道你很好学，也有音乐的天赋。要怪就怪你跟错了我这个'师傅'。你看，从一开始我的指法和运弓的方法都是错的。搞音乐的人要看先天的条件，从小要经过目测，他们左手五指长而圆润，右手运弓轻松自如。从长远看，他们更有培养前途，就好像一张白纸。而我拉琴的套路就等于在你的这张洁白的纸上染了一大块墨汁，积重难返。凑巧把你给招上去，那也是耽误你一生啊！"

听完沈老师所讲的"隐情"，我的心在震颤，豆大的泪珠从我脸上滑落了下来，我紧握着老师的手半天不愿松开。刹那间，我觉得沈老师人格可贵，他敢于在学生面前坦承自己的不足，该是需要多大的勇气。从这个意义上来说，他就是我人生道路上最好的"琴师"。

从那件事以后，我明白了一个道理，干任何事都不能只凭一腔热情。学本事要审时度势，量体裁衣。就像一列火车，背离了方向，速度越快，只会离它要到达的目的地越远。

小故事大道理

很多时候，我们做事总是凭着一腔热血，不计后果。不知道审时度势、量力而行的重要性。光凭着一股蛮劲，只会让你就此止步。而勇于承认自己的不足，量体裁衣，同时又有一个明确的目标，这样不论你的年纪有多大，你的精彩人生都才刚刚开始。

吝啬的老师

◇佚名

> 君子隆师而亲友。
> ——《荀子·修身》

我曾"死皮赖脸"地求一位做老师的朋友做我的老师。当然我有我的小算盘,他是中文硕士,学问好,而且直言不讳,经常指出我诗词对联中的一些常识性错误。当时我正在自考中文,这样的老师对我很有帮助。

但事实上,老师在我的自学过程中并没有特意教导过我什么,只是偶尔会说一两个语法方面的知识,我问的问题也得不到他及时的回答,问急了,就来一句:"自己在书上找。"再不就是:"工作忙,没时间解答。"我没办法,只能翻烂了书找答案,不过这样一来得到的知识倒是很难忘记。

当我拿到汉语语言本科自考毕业证书的那一刻,心情轻松极了,买了一大堆书慰劳自己。自考完了,我最大的心愿就是读读闲书,无忧无虑地把自己埋进书海里。这时候,整天穷忙的老师出现了,对着我就泼了一盆冷水:"读书不要盲目跟风,要有选择地读，最好能在书中有所收益，能写点东西。"然后又说，"虽然我忙得站着都想睡觉，但是学生的作业还是有时间看的，是不是有点进步了？"

我又看到了希望，老师不论散文、杂文、诗歌，都非常棒，要能得到他的指点真是太好了。于是我很认真地写了几篇，传给他看，接下来就等着他的指导。谁知等了好久，也不见回音。

理由仍然是太忙。他说："我没看，你自己改改吧，然后试着去发表。能够发表的文章，就说明得到了一定的认可。你看人家某某，也是自考，还没你勤奋，不也写文章发表了。"

我不服气，从自己以前的文章里挑了两篇投了出去，侥幸地均被采用了。我乐滋滋地把报纸电子版传给他看，老师说了两句极珍贵的话："不错。但是这两篇文章风格相近，要拓宽。"我像听到天籁之音，趁机请教如何拓宽，他答非所问地道："生活是丰富多彩的。"

怎么会有如此吝啬的老师！失望沮丧之余，我更加认真地写作，仔细研读各种报刊的文章，把握报刊的用稿风格，找出自己文章的不足，再三修改。在经历过一大堆退稿信后，我的文字变成了更多的铅字。游记、散文、随笔，一篇又一篇，我炫耀地给他看。开始时，老师还会"祝贺"一下，后来又泼冷水了："不要沾沾自喜！"

又犹如当头一棒！我不敢再自夸下去，又继续埋头写作。

前些日子老师对我说："现在发了20篇了吧，注意保存，以后要整理成集的。"

老师怎么知道我发表的篇数？我怔了一下，细细咀嚼，突然发现，老师其实对我是寄予了很大希望的。他一直都在关注着我，他不帮我，是想让我自己去努力。如果每篇文章都要他来指点修改，

那我也就失去自己了;他也不夸我,只是在我兴奋激动时适时地敲打一下,促使我清醒。我现在才明白,他不经意的一两句点拨,无意中让我的人生转了个弯,有了努力的方向。让我知道,写作原来是多么快乐美好的事情。

没有你,我不会走到今天这一步。真诚地谢谢你,"吝啬"的老师!

小故事大道理

在老师的字典里没有"吝啬"这两个字,他会在你焦躁的时候给你一个适时的提醒,在你骄傲的时候给你一个适当的打击,在你乱了方寸的时候给你一个醍醐灌顶的意见。这就是我们可敬的老师,他不经意的点拨,会让你的人生有一个新的前进方向。

三儿老师

◇红树林

> 事师之犹事父也。
> ——《吕氏春秋·劝学》

车祸之后,三儿的腰就慢慢地弯了下来。

同学们取笑他:"罗锅!罗锅!"三儿扶着弯弯的腰,眼泪不住地流。三儿回家冲娘哭。娘说:"三儿,擦干泪,不要哭。罗锅怕什么?腰罗锅不要紧,只要做人不罗锅就行。"

三儿不懂:"娘,腰已经罗锅成这样了,做人怎么能不罗锅呢?"

娘板了脸:"你1岁就没了爹,现在你已经10岁了,这些年,你说谁欺负过咱们?"

三儿想了想,从小到大,真的从没人欺负过他们孤儿寡母,连娘到生产队出工,都凭自己的能力和男工一样挣工分。

三儿懂了,但又不太懂。他只是使劲地点点头,再把腰挺了又挺。

同学们不懂,依旧笑他。三儿板了脸冲墙角掉两滴眼泪,再挺挺腰看一眼笑他的同学,默默离去。

小学,初中,师范。三儿挺着弯弯的腰一路走了过来。

黑板上的字迹

毕业分配时，三儿被分到了最偏远的山村小学。

村子在东，依山傍水。山在西，不高，陡峭险峻。村里的希望小学就建在山腰。

村子与学校之间是条河，有雨时是大河，无雨时是小河。

河上有桥，不知修于哪一年，长满青苔的几根木桩在河中一竖，上面铺一层木板，日复一日，年复一年。

三儿老师去找村主任："这桥应该修了，这些木桩都朽了。"村主任挠头："哪里找木头呢？山上的树都被伐光了，村里又没钱买木头。"末了，冲三儿老师的背影扔一句："矬人事多。"

三儿老师找上级领导，领导笑："修桥是村里的事情，你教好你的课就行了。"末了，也冲三儿老师的背影扔一句："矬人事多。"

三儿伤心，娘说："伤什么心？你还是没挺起腰！如果挺起了腰，你还怕他们说什么？"

三儿老师教着30多个学生，一到五年级。山里的孩子上学晚，三儿老师挺着腰，还是没那个调皮学生个子高。

调皮学生把黑板擦放在黑板上方，说："老师，你如果什么也不踩就取下来，我就服了你。"

三儿老师伸手一拍黑板，黑板一震，黑板擦应声落下，三儿老师伸手接住，说："有时智慧比身高更重要。"调皮学生吐吐舌头，不敢再说话。

夏季雨水大。一场雨后，温顺

的河流急促起来。放学了，三儿让学生走，要先去试试木桥是否稳固，但调皮学生已经抢在前面上了桥。

桥下的木桩突然动起来，桥也跟着晃起来。

调皮学生呆了，但三儿老师没呆，几下就蹿到了那根摇动的木桩下。

湍急的河水漫到三儿老师的胸口，还夹着沙石击打着三儿老师弯弯的腰。三儿老师紧紧地抱住那木桩，腰在瞬间挺得笔直，甚至比那木桩都挺直有力。木桩不动了，桥不晃了，吓呆的调皮学生在三儿老师的喊叫下，终于走过去了，三儿老师却松了手，顺水而下。

乡亲们在河的下游找到了三儿老师，三儿老师还活着。3个月后，三儿老师从医院回来了，他的腰更弯了，甚至，走路都困难了。

调皮学生跪在三儿老师面前，全班学生跪在三儿老师面前，村主任也跪在三儿老师面前。一瞬间，三儿老师的腰是那么的挺直。调皮学生是村主任的儿子，他抱着三儿老师哭了："老师，你的腰……"

三儿老师淡淡一笑，什么也没说。

桥很快就修好了，钢筋混凝土，高大坚固。

三儿老师依旧弯着腰上课下课，依旧送孩子过桥回家。也怪，在孩子们心中，只要有三儿老师在身边，他们走在桥上就格外大胆，他们坚信，世界上最挺拔、最有力的，就是三儿老师的腰。

小故事大道理

身体的残疾并不代表思想的残疾，品德和智慧才是衡量一个人"高""矮"的标准。站得直，坐得端，行得正，哪怕你只是一棵小草，却依然可以活出自己的那份骄傲！

换只手高举你的自信

◇李勇明

> 师也者，教之以事而喻诸德也。
> ——《礼记》

考上高中后我从乡下到城里寄宿读书，城里的学生很有钱，成绩也很好，因而我总是很自卑，上课老师提问时，城里的学生都抢着回答问题，我却从不抬头也几乎从不举手回答问题。我的物理基础很差，物理课上老师几乎每堂课都要提问，但很少叫坐在后排的我回答问题。

可有一次，老师问了一道我不懂的问题，同学们争前恐后地举手，受虚荣心的支配，我也举起了手，结果老师偏偏叫我回答，我站起来哑口无言，当众出丑，同学们哄堂大笑。

放学后我一个人坐在教室里琢磨那道题，耳朵里始终回响着同学们的哄笑声，不争气的眼泪掉了下来。物理老师走了进来，他深入浅出地给我讲解了那道题，然后和蔼地说："学习时不要不懂装懂，农村出身不是你的过错，那反而是一种资本，你不要自卑。以后我提问时遇到你懂的问题你举起左手，不懂的问题你举起右手，遇到你懂的问题你甚至可以把手举得比别人高一点，我就知道该不该叫你回答了。"老师的话使我深受感动。

此后的物理课上我就按老师所说的做了。期中考试后，老师对我说："这段时间你举左手的次数为25次，举右手的次数为10次，再加把劲，争取把举右手的次数降到5次。"细心的老师统计了我举左右手的次数，我暗下决心争取不举右手。从此遇到难题我宁可不吃饭不睡觉也要把它攻克。期末考试我考了全班第一名。老师欣慰地对我说："你终于不举右手了。"

后来考上大学后老师来送我，他只对我说了一句话："别让自卑打倒你的自信，换只手举高你的自信。"我终于明白了老师的良苦用心：他让我举左手而少举右手只是为了让我超越自己，换只手举高自己的信心，赢自己一把啊！在人生的道路上免不了遇到对手和困难，如果不能举起左手，那我们做的第一件事就是"举起自己的右手"……

小故事大道理

在人生的道路上免不了会碰到比你优秀、比你在某一方面突出的人。如果你没有足够的力量与他抗衡，那么我们能做的就只有用自信和洒脱来对抗自卑。自卑是属于弱者的，我们可以换另一种思路来举高你的自信，这不是逃避，而是超越。

不能忘记的一记耳光

◇佚名

> 尊师则不论其贵贱贫富矣。
> ——《吕氏春秋·劝学》

从小学到初中，我一直都是最顽劣、最叛逆、最难管教的学生，是被老师们认为"道德品质败坏""不可救药"的坏学生。所以，几乎所有到我们班任课的新老师，都会在第一节课的第一时间给我一个"下马威"——点到我的名字时叫我站起来，然后用威严而犀利的目光盯着我说："你就是李富春？"

我下定决心要改变自己，我要找回自己的自尊。

好长时间，我克服了迟到、早退、旷课、爱说、爱动、爱捣乱的诸多毛病，并强迫自己好好学习，学好各门功课；遵守纪律，争取不犯错误。段考、期考时，我除了保持语文成绩第一外，平时成绩极差的数、理、化也大有提高，全部及格。

我的变化让许多教过我的老师感到吃惊，陈老师更是对我褒奖有加。我的作文经常被"发表"在学校的黑板报上，有几篇还被印刷成册，分发给初中各班级的同学们当作范文学习。后来，我代表学校参加的全县中学生语文竞赛、作文竞赛都获了奖，我也因此成了全校闻名的"小作家"。那时，我特别有成就感，特别自豪。

这中间，我偶尔也会犯些小错误。有时是在上学的路上下到水沟里捉鱼而迟到了，有时是因为跑到水库洗澡而耽误了考试……但陈老师却从没有严厉地批评过我，甚至对我很宽容。有一次，他找我单独谈话："人身上的毛病不可能一下子全改掉，要慢慢来，一点一点地改。人也不可能不犯错误，人无完人嘛。浪子回头金不换，你原来是什么样？现在又是什么样？大家都看得很清楚。不过，老师要提醒你，有了成绩千万不要骄傲。对自己要求要严格，不能有半点松懈。我希望你争气，为老师，为你的父母，更是为自己。"

然而，临近毕业时，一向温和的陈老师却对我大发了一次雷霆，还甩给我一记响亮的耳光。那一耳光让我终生难忘，时常想起，记忆犹新。那一记耳光，带给我的不是疼痛，而是震撼、惊醒和感动。

初中即将毕业，准备迎接高中考试，是复习最紧张的时刻。

那时，除了县高级中学外，我们那里三个乡才有一所高中，初中升高中的几率是很低的。因此，同学们都拼命地复习功课，尽最大的努力迎战高中考试。而我，恰恰在此时"旧病复发"。

我新交了位朋友，他是老留级生。他"见多识广"，懂得好多我不懂的事，去过好多我没去过的地方。他带着我扒汽车到几十里外去看矿洞，去某林场潜入果园偷苹果吃……我的学习成绩一落千丈，数理化成绩最糟时竟考了零分。

那天上晚自习，我耽误了整整一节课。陈老师满脸严肃地把我叫到他的住处。刚一进门，他突然甩给我一耳光。我被打了个趔趄，手捂住火辣辣的脸愣在那儿。

谨记铭心的教诲

陈老师声音颤抖着说:"我今天没有耐心给你讲道理。老师是不该打学生的,但我打你,是以父亲的身份。我一向把我的学生当作我的孩子,尤其是你这样聪明的孩子,我恨铁不成钢啊!你如果是个笨孩子也就罢了,可你是个天分很高的孩子啊,仅仅因为贪玩而耽误了学习,耽误了前途,有多少人会为你痛心,要是平时我不会生这么大的气,可这是什么时候?离毕业还有几天?你难道不想上高中?不想上大学?不想有个好前途?我今天给你一耳光,是要打醒你,如果你明白是为你好,就抓紧时间补习功课……"

陈老师的这一耳光鞭策着我,我开始刻苦学习,没有浪费最后的一点时间。

我顺利地考上了高中,学业得以继续。

而今,每每回忆起那一记耳光,我就会展开无限的想象——如果没有陈老师那一记耳光,我的学习成绩肯定是越来越差,肯定是考不上高中,肯定是回到农村面朝黄土背朝天,那我的前程,我的未来会是什么样的呢?

小故事大道理

从某种意义上说,老师打人是不对的。可是对于有的学生来说,一记耳光给他们的不只是疼痛和鞭策,而是一种可以让他们迷途知返的力量。有时候"一语惊醒梦中人"的好处就在于,它可以使你少走些弯路,然后更快地进步。

难忘师恩
◇郭霞

> 明师之恩，诚为过于天地，重于父母多矣。
> ——葛洪

在我的学生生涯中，遇到过许许多多的老师，他们都是值得我钦佩与尊重的，但给我印象最深的要数我的初中班主任李志伟老师，我为有这么一位老师而深感自豪。过了这么多年，李老师的音容笑貌已在我心中深深地扎根。

那是我刚刚迈入市第七中学校门的时候，就听说我们的班主任不仅是一位优秀的教师，更是一位严师。在那短暂而充实的3年里，老师给我们每个学生都留下了很深的印象，不仅因为他的严厉，还有他对学生无微不至的关心，为使同学们全身心地投入到学习中，他时常利用休息时间对每个学生进行家访。记得那年，我的外公因病突然去世，给我的生活带来了莫大的打击，我上课也没有心思听讲，情绪十分糟糕，就连当初喜欢的体育课也放弃了。这个状况很快就被细心的李老师发现了，他耐心地询问了情况后，脸上没有往常的严肃，倒像是慈祥的父亲在耐心地和自己的孩子讲

话:"人死不能复生,孩子,你要化悲痛为力量,全身心地把精力投入到学习上……"在老师的帮助和鼓舞下,我把精力投入到学习中,并在期末考试中取得了优异的成绩。

李老师还是一个热爱生活、勤俭节约的人。记得在一次吃早点时,几个男同学将馒头扔在地上当球踢着玩,李老师看到后顿时火冒三丈,他最看不惯浪费了,其中一个同学的家庭条件特别差,老师狠狠地批评了那个同学:"你知道吗?你父母为了供你上学,为了给你挣这个馒头,大早晨就到街上摆摊了。"老师的一番话,对全班同学都是一个震撼,使我们受益匪浅。老师教给了我们做人的道理,也就是从那时起,我们班里绝大多数同学至今仍保留着勤俭节约的好习惯。

时光流逝,转眼告别了学生时代。参加工作后,满心的欢喜想同老师一道分享,那是这么多年来唯一的一次邀请自己的恩师去饭店吃饭,当时他会心地笑了。然而当他看到满桌的饭菜时,表情严肃地说:"点这么多菜太浪费了。"接着开始要求我,将来无论如何也要保持勤俭节约的好习惯,坚决杜绝浪费现象,听着老师的教导,我不停地点头。谈话中突然发现老师眼角多出了许多皱纹,看上去苍老了许多,这是因为他把自己的青春年华全部都无私地奉献给了自己的学生。这么多年来,我依旧牢记老师的教导。如今,已为人母的我，常用老师教导我的方式去教育自己的孩子。

　　在教师节到来之际，我带着尊敬与爱戴，想再深情地唤您一声："李老师，您好吗？"

小故事大道理

　　"教诲如春风，师恩似海深"，学生时代的我们通常会被老师身上的某项品德所引领，这个品德可能会伴随我们的一生。它可能是无所谓有，无所谓无的，可却是我们人生中浓墨重彩的一笔，这是我们的财富。

爱的背影 ◇余意

[学之经,莫速乎好其人,隆礼次之。
——《荀子·劝学》]

　　画中也没有什么特别的,只是一位短发中年妇女在黑暗中举着一根蜡烛,那烛光被一圈圈五颜六色的光晕包围着,映红了她的发根和肩膀,而且画的只是一个背影,一线轮廓,一片充满温暖的色调。

——题记

　　"嘿,老师,今天蛮漂亮的嘛。"同学们不约而同地对着剪了一头短发的班主任陈老师叫道。是的,老师天天如此,也没有什么漂亮不漂亮的说法。对于今年已经45岁的她,唯一称得上漂亮的,是每天对着学生的那张亲切而和蔼的笑脸。

　　在她的班上,有一位叫雨晴的小女孩,她五年级时失去了妈妈,而爸爸是一家公司的采购员,经常出差。因为母亲长期治病,家里欠下了沉重的债务,父亲又长年不在家,小小年纪的她过早地承担起了家庭的重担,每月靠爸爸留下的150元生活费与年迈失明的外婆在家生活。每天，她要买菜、做饭、洗衣，还要替外婆打洗脸水、擦身。但作为班长的她，每天起早摸黑，风雨无阻第一个到教室，有时还帮同学补习功课最后一个离校，而且每次都带头交班费，上次学校团委发起的帮扶"献爱心"活动，她一次就捐助了20元。一次与学生们的谈心，陈老师终于察觉了雨晴的家庭境况……

从那天起，几乎每天中午的时候，总有一位姓张的阿姨来到雨晴的家里，对外婆嘘寒问暖，给她和外婆做饭、洗衣，打扫卫生，有时还替外婆擦身。当雨晴回到家的时候，张阿姨已经走了，但每天都留下一张字条来鼓励雨晴。据外婆说她自称是爸爸的同事，是受爸爸托付来照顾家里的。雨晴很懊恼，因为担心是爸爸将要为她找来的后妈，怎么也吃不下饭，每日半饥半饱的，心中多了几分疑虑。

渐渐地，好像是张阿姨发现了雨晴的心思，留下的字条叫她放心，阿姨只是她父亲的一位普通同事，是为她父亲忘我的工作精神所感动前来帮忙的，还教导雨晴要克服困难，鼓足勇气努力学习和生活，留言中字字句句充满了真诚和关爱，还充满了期盼。雨晴感动了，开始吃张阿姨做的饭菜，而且吃得特别可口。从此她有了更多的时间看书和休息，红红的小脸也一天比一天丰润了，显得特别精神，而外婆也张口闭口不停地夸张阿姨的好。正是因为这样，雨晴的内心却是一天天地感到不安，并对张阿姨产生了深深的歉意。

有一次，因为下雨的关系，雨晴提早回到家，但对于匆匆远去的张阿姨，她看到了那熟悉而又陌生的背影，她想这阿姨到底是谁？这背影好熟悉啊，她又怎么有家里的房门钥匙呢？雨晴还想到前不久她那串钥匙丢了，是一位同学捡到交给了老师……啊！莫非是陈老师？不，不可能！陈老师每天那么忙，学校和班上的事那么

多，家里还有老人和小孩，那么劳累，而且……总之，不可能是陈老师。

一天下午，雨晴发烧，自己到医院看病拿药后没有到学校上学，只是让一位要好的同学帮忙转递了请假条，当时陈老师也没有什么特别大的反应，只是让同学转告她在家好好休息。到了晚上，雨晴迷迷糊糊地看到了灯光下守着自己的张阿姨，那背影，那体形，不，她不是张阿姨，她正是为同学们日夜操劳、呕心沥血的陈老师。但雨晴并没有叫出声来，只是在默默地望着她的背影，看着她写字条，看着她煮粥……一直到深夜她才匆忙离去。雨晴想着陈老师的背影，读着她那谆谆嘱咐喝粥吃药的留言，顿时觉得她就像自己的妈妈，在无私地把爱传递给自己，一串热泪禁不住夺眶而出，滴洒在陈老师留下的字条上……

一年一度的教师节到了，雨晴想着那背影——那亲切而伟大的背影，她画了一幅画，叫做"爱"。其实画中也没有什么特别的，只是一位短发中年妇女在黑暗中举着一根蜡烛，那烛光被一圈圈五颜六色的光晕包围，映红了她的发根和肩膀，而且画的只是一个背影，一线轮廓，一片充满温暖的色调。没有人能看得清画中人的面貌神情，更不会有其他人能看懂这幅画的含义。当她拿给陈老师时，老师盯着那张画，眼眶也湿润了，轻抚雨晴的头发说："好孩子……"是的，这幅画不是什么成功之作，更称不上什么艺术品，但那刻意的构思和泪迹斑斑的模糊线条在陈老师的心中，是何等珍贵啊!

　　夜里,雨晴吃过晚饭回到了教师办公室。她看到陈老师趴在办公桌上的宽厚背影。在一叠厚厚的课本旁,老师睡着了,那高度数的眼镜挂在那弯弯的鼻梁上,眼角与嘴角上的皱纹,微微地向上翘,那短短的黑发里新添了几根不协调的白发。她实在太疲倦了,没有半点知觉,想必她在梦中一定在为某位学生的一点小进步而高兴。夜深了,雨晴也悄悄地离去了,她在陈老师的办公桌上留下了一张全班同学签名的贺卡与一束美丽的百合……

小故事大道理

　　老师从来不会吝惜她的爱,她们用爱来浇灌孩子们的成长,她们用含蓄的爱来表达自己的真情实感,所以有的时候她留给我们的只是朦胧的背影,可那种真切的感情却不是背影,而是真实情感的表达。

藏在信里的天使 ◇汪洋

善之本在教,教之本在师。
——李觏

坐在操场边的石阶上,里尔一脸落寞。操场上,和他年龄相仿的同学正进行着各项体育活动,里尔很想加入他们,然而他不敢。由于从小多病,里尔在全班个子最矮,身体最弱。每次班上进行体能测评,他都无一例外排在最后,甚至连女生也赶不上。班上最调皮的加特,常毫不顾忌地大喊里尔"小矮人"。

每每听到"小矮人"的外号,里尔心里都怒火燃烧,他真想冲上去,狠狠揍可恶的加特一顿。然而,加特比他足足高一脑袋,身体非常强壮,他如果真要去揍加特,无疑是自取其辱。伤心时,里尔总渴望有位可爱的天使突然出现在他眼前,用溢满快乐的眼睛看着他说:"里尔,你是个勇敢的男孩,我陪你玩吧!"其实,里尔很喜欢体育活动,特别对足球情有独钟,尽管无人找他踢球,他依旧悄悄练习着。

这时,加特冲到了他面前,斜着眼睛看他说:"小矮人,怎么又在发呆啊?"里尔知道,如果回答加特,迎来的将是更恶劣的讽刺,他只能一动不动地坐着,眼泪在眼眶里打转。加特转身跑开后,里尔的眼泪再也忍不住流了出来,他强烈地渴望能有天使到身边。奇迹出现了,他耳边响起了悦耳的问话声:"亲爱的里尔,你怎么一个人在这里啊?"

来不及擦干眼泪,里尔迅速地回过头,出现在他面前的并非长翅膀的天使,而是上个月新来的语言教师玛丽。里尔心里满是失望,他摇着头说:"没什么,刚才一粒沙子进了眼睛。"说完,里尔就赶紧跑开了,他不想让任何人知道自己的自卑,因此拼命保护着内心残存的小自尊。

望着里尔远去的单薄的身影,玛丽陷入了深思。通过连日的观察,她已经对里尔的遭遇有所了解。刚才她远远看到加特出现在里尔面前,就知道发生了什么,所以才急忙赶过来。虽然她知道实情,却没有点破,她思考着怎样才能帮助里尔走出眼前的落寞孤独,并且还要顾及到他脆弱的心灵。

几天后,玛丽老师在全班布置了一个作文,要求孩子们写出内心的渴望。作文交上来后,玛丽老师最先把里尔的作文拿了出来。里尔的渴望似乎匪夷所思,他一心期盼有位可爱的天使出现在他的生活中,和他一起玩耍,这样他就不会孤单一个人了,也不会没有人欣赏了……

随后,玛丽老师找到当地晚报的编辑朋友,请求把里尔的作文发表在晚报上,并强调说这很重要,是在拯救一个孩子的未来。看到自己的文章发表在报纸上了,里尔非常高兴。更让他高兴的是,在文章发表后几天,他竟然收到了一封来信。信封是手工做的,右下角画有一轮明媚的太阳和鲜艳的小花,在花朵和太阳之间是一个

张开翅膀的小天使,小天使面带微笑……

里尔被这幅画深深地迷住了。他轻轻地打开了信封,信纸散发着太阳花的清香。里尔微眯着眼睛,慢慢地读着信纸上优美的语言:

里尔,你是个很有气质的男孩,不像其他男孩那样自以为是。你的身上有很多人都比不上的优点,比如你的学习成绩好,作文写得好……不要问我是谁,我是一个很久以来一直默默关注你的女孩。我很害羞,你身上散发出来的优秀气质令我不敢靠近你,但我愿意在今后的日子里一直给你写信,向你抒发我内心对你的赞扬与钦佩之情……

这封突如其来的信,升腾起了里尔内心巨大的渴望。他一直期待天使能降临人间,因为只有无所不知的天使才能明白他的心。令他没想到的是,天使居然真的出现了,而这个天使就藏在信里。

随后的日子里,每隔几天,里尔都会收到一封来信。在这些信里,总是写满了对里尔的赞美,甚至还有几分崇拜。慢慢地,里尔从自卑的世界里蓦然醒来:我原来是这样的优秀啊!想到这,脸上一贯阴郁的他开始展现出微笑,并且主动接近班上的同学。如此一来,里尔发现,其实班上除了加特等几个自以为是的家伙外,大多数同学都很友善,并没有排斥他。这时,里尔才发现,原来不是同学们在拒绝他,而是自己一直在拒绝别人。

在和同学的密切接触中,里尔内心也越来越阳光,越来越自信。以前从不敢在体育场露面的他,大胆地走到球场中心。以前偷偷练习的出色球技,让里尔在操场上赢得了一片赞誉。在和同学玩乐的过程中，里尔细心地寻找着藏在信里的天使，然而天使似乎无所不在，却又总不见踪迹。

就在里尔越发自信时，天使的来信却突然消失了。尽管里尔有些遗憾，却不再落寞。以后的岁月里，里尔自信地成长着。多年后，他成了远近闻名的专栏作家。可那"藏在信里的天使"，里尔一直没能找到，天使成了他心中一个美丽的谜。里尔还问过以前曾是他同学的妻子，她是不是天使的制造者，妻子茫然的神色让里尔知道天使另有其人。

尽管一直无法知道天使是谁，他心里对她依旧充满无限的感激，如果没有那些赞誉的信，也许他现在什么都不是……

对过去感慨不已的里尔，想起那些激励自己的信，忍不住在专栏里写下了一篇《藏在信里的天使》。里尔发表的文章，刚好被玛丽老师看到了。回想起多年前，自己给一个叫里尔的男孩写崇拜之信的经历，玛丽老师开心不已。

小故事大道理

老师有一种谎言，那是心怀善意的动机，她的谎言是在保护你童稚的心免受自卑的困扰，是在期盼你成长的路上可以激流勇进。一封匿名的信件，就像一个天使的问候，它的鼓励，开启了孩子精彩的一生。

难忘的八个字

◇佚名

> 师者，所以传道、授业、解惑也。
> ——《师说》

随着年龄的增长，我发觉自己越来越与众不同。我气恼，我愤恨——怎么会一生下来就是裂唇！我一跨进校门，同学们就开始讥讽我。我心里很清楚，对别人来说我的模样令人厌恶：一个小女孩，有着一副畸形难看的嘴唇，弯曲的鼻子，倾斜的牙齿，说起话来还结巴。因此我越来越敢肯定：除了家里人以外，没人会爱我，甚至没人会喜欢我。

二年级时，我进了老师伦纳德夫人的班级。伦纳德夫人很胖，很美，温馨可爱。她有着金光闪闪的头发和一双黑黑的、笑眯眯的眼睛。每一个孩子都喜欢她、敬慕她。但是，没有一个人比我更爱她。这里有个很不一般的缘故——我们低年级的同学每年都有"耳语测验"。孩子们依次走到教室的门边，用右手捂着右边耳朵，然后老师在她的讲台上轻轻说一句话，再由那个孩子把话复述出来。可我的左耳先天失聪，几乎听不见任何声音，我不愿把这事说出来,因为同学们会更加嘲笑我的。

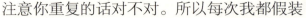

不过我有办法对付这种"耳语测验"。早在幼儿园做游戏时,我就发现没人看你是否真正捂住了耳朵,他们只注意你重复的话对不对。所以每次我都假装用手盖紧耳朵。这次,和往常一样,我又是最后一个,每个孩子都兴高采烈,因为他们的"耳语测验"做得挺好。我心想老师说什么呢?以前,老师们一般总是说:"天是蓝色的"或者"你有没有一双新鞋"等等。终于轮到我了,我把左耳对着伦纳德老师,同时用右手紧紧捂住了右耳。然后,悄悄把右手抬起一点,这样就足以听清老师的话了。

我等待着……然后,伦纳德老师说了八个字,这八个字仿佛一束温暖的阳光直射我的心田,这八个字抚慰了我受伤的、幼小的心灵,这八个字改变了我对人生的看法。

这位很胖、很美、温馨可爱的老师轻轻说道:"我希望你是我女儿!"

小故事大道理

学生就是一颗颗不同的种子,它们需要用不同的方式去栽培,就像伦纳德夫人,她希望她可以用母亲般的关怀去滋润每一颗小小的种子。给每个人信心和希望,给每一颗种子一个机会,让它们都有机会去装扮大自然!

最美的眼神

◇马德

> 无贵无贱，无长无少，道之所存，师之所存也。
> ——韩愈

一所重点中学百年校庆时，恰逢德高望重的老教师雒老八十寿辰。雒老师一生极富传奇色彩，他所教过的学生，许多已经成为蜚声海内外的教授、学者以及活跃在时代前沿的IT精英。是什么原因使雒老师桃李满天下呢？学校决定在百年校庆之际，把这个谜底揭开。

于是，学校给雒老师教过的学生发出一份问卷，其中最重要的一条是，雒老师的哪些方面最让他们满意。五花八门的答案很快反馈回来，有人认为是他渊博的学识，有人认为是他循循善诱的教学方式，有人认为是他兢兢业业的工作作风；有的学生说喜欢他营造的课堂氛围；有的学生干脆说，雒老师的翩翩风度是他们最满意的。

然而，学校对这些答案并不满意。在学校看来，这些闪光之处，也可能是其他老师所具有的，并没有代表性。仓促之中，学校在众多的学生中，选出100位最有成就的人。学校认为这100位学生的成功，肯定或多或少受到了雒老师的影响。为了得出较为一致的

答案,这次的问题很简单:你认为,雒老师的哪一方面对你的人生影响最大?

答案很快就以传真、电话、电子邮件的形式反馈了回来。出乎预料的是,这次的答案居然惊人的一致,几乎所有的学生都认为,雒老师给他们人生影响最大的,是他的眼神。

这下轮到组织者为难了,本来他们打算通过这种问卷的形式揭秘雒老师,同时把得到的答案,作为学校的传家宝流传下去;然而"眼神"这个答案非但没能起到揭秘的效果,反而使事情变得更加扑朔迷离了。

百年校庆的日子很快到来了,庆祝大会隆重地举行,校长讲完话后,便是各界名流的致辞。一位知名教授上台,先向端坐在中央的雒老师深深地鞠了一躬,然后说:"今天我有幸能站在这里,与大家共聚一堂,首先得感谢雒老师。我刚上这所中学的时候,成绩非常差,说实话,那时我已经丧失了信心和勇气,正是雒老师,把我从困难中拯救了出来。此前母校做了一次问卷调查,问雒老师对我们影响最大的是什么,我的回答就是他那会说话的眼神。是的,那时候,同学看不起我,父母对我也失去了信心,然而雒老师的眼神中流动着鼓励和肯定,像一股股暖流,温暖着我自卑和沮丧的心。我就是从他的眼神中得到前进的信心和力量,一步一步走到现在的……"

另一位学者致辞的时候,笑着说:"上中学的时候,我最讨厌老师偏袒,比如偏袒成绩好的,偏袒女生,因为讨厌老师,导致我很厌学。雒老师公正无私的心底,像一方晴朗的天空,清澈、洁净、

透明，从他的眼神中流露出来的是一种公正的力量，使我的心也变得晴朗起来……"

后来上台的学生中，但凡雒老师教过的，无一例外地谈到了雒老师的眼神。有的认为，雒老师的眼神在严肃中传递着爱意；有人认为雒老师的眼神在安静中透着温和；有的学生认为雒老师的眼神中蕴满父亲般的慈祥；有的学生认为雒老师的眼神就是一条汨汨流淌着的河流，在不断地荡涤着人的心灵……

事实上，大会开到这里已经非常成功了，没有想到的是，就在最后，有一位50多岁的教师在事先没被邀请的情况下，走上了大会的主席台。他说："我也是雒老师的一名学生，而且在一所中学也教了20几年的书。我一直有一个心愿，就是想让自己也像雒老师一样，把最美的眼神传递给学生。后来我渐渐发现，能够传递这样美的眼神的人，需要的并不多，就是你必须有一个满浸着人间大爱的灵魂。这样的一个人才会生长出最有人性的枝蔓，才会漫溢出爱的芳香。"

他讲完之后，台下顿时响起了潮水般的掌声。在对人的影响上，爱的浇灌和人性的感召，永远胜于其他形式。

那一天，学校得到了他们最想要的答案。

小故事大道理

一个人心中有大爱，所以他的眼神中才会流露出人性的关怀，从他的眼神里你可以看见他的肯定，他的信任，他的希望。学生经过了彻悟和沉淀，才会慢慢领悟出眼神所传达的含义。眼神的温暖是不求回报的，它只是一盏灯照亮了你的世界。

老师的微笑

◇小寞

> 古之学者必严其师，师严然后道尊。
> ——欧阳修

我是一个任性偏执的孩子。

进入新的集体，我依旧是往日的我，敷衍老师的善待，逃避老师的关怀，我从来没有表现出一个善面。我总觉得老师有太多的虚伪。譬如：老师说对待每个学生都一样，却更加喜爱成绩好的学生。所以我很冷漠。

我每天不听课，不是不想听，只是有种很抵触的情绪。我趴着睡觉、翻看着课外书、找出自己的本子写点心情（而且是明目张胆的）。可是，我并没有受到我准备接受的批评。

在一节课上，我又趴着了。感觉老师好像来到了我的身边，但好一阵都没动静，我微微抬起颦蹙了的眉头。触到了老师的眼睛，她眼里充满了微笑的目光，亮闪闪的，起伏在我心里。我的心顿时闪过温馨，冷漠的姿态变成一摊烂泥。我没有勇气去用冷漠抵触一个如此和善的笑容。我的心微微有点颤抖。老师看了看我，合起书本，声音甜甜地说："现在趴下睡觉，为了上好下节课，快，全部趴下。"

我立刻感觉不安，低声说："啊？其实我不是打瞌睡，只是很……很无聊。"心乱跳起来，我知道我已经为自己而感到惭愧。我默默注视着老师，她的嘴角还残留着微笑。我有一种负罪感，为何我要这么刻薄呢？

新课改后，在课堂上看一次课外书就要扣10分。我的书被老师发现没收了。我心里疯狂地不服气，怒斥着："曾经我在初中看书老师都不会来收，你有什么了不起的。"还有，要扣掉的10分让我像坠入了深谷。下课后，老师把我叫进了办公室。我狠狠地瞪着她，我从来没对老师有过畏惧感，早已习惯自由散漫的行为。但是，老师把书还给了我。脸上丝毫没有什么怒气或怪罪，依旧微笑着，像是天真顽皮的孩子。老师开口说："其实，我并不是才发现你在课堂上看课外书，我早就注意到了，自习课上我并没有没收你的书，从你看的书里是可以获取很多知识的。我是很赞成你的，你也很有思想……但是总过于偏执。"

我突然觉得，其实我并不是个坏孩子，却总要当个坏孩子。其实我只是觉得坏孩子也可能有苦衷，也可能无法被理解而蒙蔽。就像我，从来不会厌恶任何人，即使是罪人。我知道，被厌恶者心里不好受，或许只是误解而已。还或许，让罪人反省的空间都被占据了。人，不应太自私、太无情。

而我，同样开始了微笑。我的心被客观占据着，可同样主观的感情也是浓郁微妙的，只是角度不同。我对自己说，曾经我只是死盯着负面而忽视了正面。其实，人的本性也是纤尘不染的，即使不完全。

老师的微笑,让我享受了一片阳光洒下的温暖与迷醉,让我摆脱了被黑暗束缚寻不到光芒的幽谷。

老师总会给予我那么多的微笑。看见那种微笑,就像拂去了我对琐屑平庸世俗的困扰。我多么欢喜、多么感动。

她包容了我的冷漠、偏执、顽固的颓废,而且在一度用微笑驱除着我心中的尘埃、阴影和杂念。

老师的微笑,让我流泪。我的心第一次感觉离温情的距离是那么近,近得像听自己的呼吸。

老师的微笑改变了我。

我看见了我心中跳动的积极向上乐观的心!

小故事大道理

微笑,这个既简单又不寻常的面部表情,诠释的感情却是不简单的,它代表着理解和宽容。你可以冷漠、偏执、顽固,甚至颓废,可你不能拒绝微笑,微笑可以祛除你心中的尘埃和狭隘。老师给予我们的不仅仅是知识,还有希望和勇气。

第二辑
挂满仁爱的树

年年岁岁花相似,岁岁年年人不同,这些年张老师不知已送走了多少学生,我只是他硕果累累的枝头最不起眼的一个,然而,他的树上挂满了仁爱,枝叶充满了激励,天空飘满了慈祥,给无数个像我这样的孩子以最切身的爱和鼓励。

不必为勇敢道歉 ◇徐明杰

> 经师易遇，人师难遇。
> ——司马光

在人的一生中，一些偶然因素经常让我们对自己失望，于是我们放弃希望。偶尔的缺憾和能力无关，它代表的只是经验的欠缺。我们总是把一次成败看得很重，但我们应该知道，我们还有很多机会。给予一个机会可以给失望的人一束阳光，抓住每一次机会，也许就能改变你的信念和生命。

——题记

为了迎接全校演讲比赛，学校举行了一次预选。预选赛上高手如云，他们慷慨激昂的发言使整个比赛精彩纷呈，高潮迭起。然而并不是所有人都表现得光彩夺目，其中有一个男孩就出现了失误。

可能是紧张，男孩上台时手发抖，他不时用眼睛观察着评委老师们的面部表情，似乎在寻求一些鼓励和帮助。其实他漂亮的音色和耐人寻味的话题已经吸引了评委和全场的观众。但是这个时候，他因紧张而忘了台词。

谨记铭心的教诲

那时间世界好像成了真空，原来滚瓜烂熟的稿子他竟然一时想不起来。由于沉默了太久，观众席上响起了嘘声。没有办法，他只能向评委老师请求再次开始。然而老天和他开了一个不大不小的玩笑，在同一个地方，他又忘词了。他无助地看了看所有的观众，脸憋得通红，可是他还是没有想起来该说的话，只是轻轻地道了一声Sorry，默默地走下了台。谁都可以想象到当时他心里有多难过，他对自己又是多么的失望。

比赛没有因此受到影响，其他选手依旧慷慨陈词。只有那个男孩坐在选手席的角落里默默地翻看自己的稿子。他没想到，自己的第一次演讲竟以这样的结局而告终，他似乎体会到万念俱灰的感觉。

不久，所有参赛选手都结束了发言，除了那个男孩，每位选手的得分都已公布。在一片热烈的气氛中，产生了代表班级参赛的三名学生，所有人都把自己热烈的掌声和羡慕的目光给了他们。

这时，英语研究室的李主任，一位受同学爱戴的中年学者走过来。他表扬了胜出的同学，指出了他们需要改进的地方，对他们提出了更大的希望。这一切，男孩听起来多刺耳，他多害怕李主任会提起他，他真想逃掉。

可是就在这时，他听到了这样的话语："在人的一生中，一些偶然因素经常让我们对自己失望，于是我们放弃希望。偶尔的缺憾和能力无关，它代表的只是经验的欠缺。我们总是把一次成败看得很重，但我们应该知道，我们还有很多机会。给予一个机会可以给失望的人一束阳光，抓住每一次机会，也许就能改变你的信念和生命。我的话讲完了，哪位同学有话要说吗？"

男孩当然知道，此时该说话的正是自己。他抬起头，正碰到李主任启迪的目光。在所有人的注视下，那个男孩鼓足勇气站起来，他用他最坚定的声音说："我对我的失误感到抱歉，但是我是否有机会再来一遍？""当然可以，而且你不必为自己的勇敢道歉。"所有人都表现得那么友善，静静地为这个男孩当着额外的观众，放下了一切包袱。这一次男孩表现得真是太好了，那篇倾注了他几个星期心血的演讲稿感动了每一个人。带着一份昂扬，他几乎完美地完成了演讲，整个过程中，观众不断地为他报以掌声。很多人对他以前的失误甚感惋惜。在结束的时候，男孩的眼睛有些湿润，他说："十几分钟前我还认为我的这篇讲稿不会再有任何一个听众，我也陷入自卑的低谷，但是现在我又重新找到了自信。而这一切都要感谢李主任给予我的机会，感谢所有倾听我的演讲的朋友。"

其实那个男孩就是我。我至今还记得李主任说的那些话，给我额外的机会，我也庆幸勇敢地抓住了它。人不能因一时失误而丧失了希望，只要你敢于站起来把握机会，成功就离你不远了。

小故事大道理

经历人生的各个阶段，我们都会有不同的感触，偶尔的失败和缺憾，这些都与一个人的能力无关，这都要看我们是否在适应一种转变。我们还有很多的机会去更改我们犯过的错，只要你还有机会驱走心中的阴霾。抓住每一次机会，或许就能改变你的人生。

老师，你是我生命里的一束阳光 ◇宋亮亮

> 举世不师，故道益离。
> ——柳宗元

12岁那一年的秋天，我独自一个人，赶去离家60多里的县城读书。刚来到实验中学，便进了初一年级二班的教室，看着崭新而陌生的环境，心里充满了崇敬和激动。正当同学们兴致勃勃地聊天时，一位年轻的女老师走进了教室，她微笑着自我介绍："同学们好，我姓夏，是今年刚毕业的大学生，教语文课，我是班主任。希望在以后的日子里，我和大家能够成为好朋友。"

那时我的语文成绩比较好，每次作文课上，夏老师都会把我的文章当作范文来读。慢慢地，我和夏老师就比较熟识了。

记得初一那一年的冬天，我得了重感冒，为了不让父母担心，不耽误学习，我没有请假回家，仍然坚持每天上课，到了晚自习下课，我一个人去学校旁边的医院打点滴。一个晚上，我躺在医院的病床上，看着药水一滴一滴地滴进我的血管，忍受着几天来病痛的折磨，我不禁想起了家，想起了对我照顾得无微不至的妈妈。突然，有人敲门，大夫过去把门打开，当时，我简直不敢相信自己的眼睛，是她——夏老师。我挣扎着要坐起来跟她说话，她赶忙走上前来，让我好好躺着。她告诉我，那几天她不知道我病了，从班上的同学那里，才得知我得了重感冒，每天都要输液的消息。她拿过来一个凳子，坐在我的旁边守着我，整整两个小时。打完了点滴，出了医院的门，她用自行车带着我去了她的宿舍给我做饭吃，看着一碗香喷喷的面条摆到了我的面前，我的眼泪止不住地流了下来。

　　吃完了饭，她把我送出门外，还硬塞给我50元钱，让我改善一下伙食。我坚决不肯接钱，她有些生气了："拿着吧，你平时是最听老师话的学生，这次也要听老师的话。生病了要增加点营养，等你以后挣了钱，再把它还给我吧。"我的眼眶又一次湿润了。

　　初三上学期，我们县举行"优质生"考试，选拔出60名同学，免试就读县城的重点高中。我考了第一名，夏老师对我寄予厚望，参加复试的前一天，她还就考试中需要注意的细节问题，对我进行了耐心指导。

　　然而，在复赛的时候，我因为体育成绩不及格，以0.12分之差和优质生失之交臂。当时我的心沉到了谷底，接连半个月，我看不进书，心里充满了愧疚和痛苦。我觉得自己很失败，对不起父母，更对不起对我寄予了无限期望的夏老师。一次早读课，她让我去办公室一趟。她没有责怪我，而是对我说："这次你没有考上优质生并不意味着你失败了，我仔细查了你的每一科成绩，除了体育，各门功课仍然名列前茅，所以，你还应该充满信心，期末考试马上就要到了，希望在这次考试中，你能重新站起来！"我点点头，对她说："夏老师，谢谢您，我不会让您失望。"她让我从两次优质生选拔考试中，好好总结成功的经验和失败的教训。我一如既往地学

习，终于在不久后的期末考试中再次夺魁。拿着自己的成绩单，我看了一遍又一遍，深深地感觉到，这里面也凝结了夏老师的很多心血。

经过初中三年的学习，我慢慢地成长起来，15岁那一年的秋天，我离开了夏老师，去了县城的重点高中读书。高中的生活繁忙而紧张，我没怎么去看夏老师。

2001年高考，我是我们县唯一考上重点大学的文科生，双手捧着中国政法大学的录取通知书，往昔的日子像过电影一样在我的面前展现。我想把这个喜讯告诉夏老师，便四处打听夏老师的消息，一个老同学告诉我夏老师曾经用过的一个手机号码。我拨了几次，都无法接通，最终还是没有联系上她。

再后来，我踏上了北上的列车，开始了4年的大学生活，大学里有很多老师给了我父母般的帮助和照顾。但我仍会时常地想起夏老师，想起她对我的教诲。每年的新年和教师节，我都会给曾经帮助过我的老师，每人寄一张贺卡，送去学生的一份祝福，唯独应该寄给夏老师的那张贺卡却不知道寄向何方。每当到了这个时候，就会更加增强我对夏老师的想念。

小故事大道理

老师的谆谆善诱就像我们迷航时的那盏灯塔，可以照亮我们的航程。当我们再回首的时候，或许他已经不在那个地方为我们守候，因为师恩是属于大家的，它的光芒可以照亮整个世界的黑暗！

在爱里慢慢成长 ◇安宁

> 学者必求师，从师不可不谨也。
> ——程颐

那一年她15岁，读初三，小小的心里那种极强的自尊与妖娆的青春一样，来得猝不及防。

她是个温顺又寡言的女孩子，每天只知道学习，不会像其他女孩子那样，爱跟新来的年轻班主任聊天、开玩笑，甚至请他去吃门口小店里的冰激凌。她看到他被花儿一样缤纷的女孩子簇拥着的时候，心里除了细微的开心和向往，竟没有丝毫的嫉妒。她知道父母放弃了农村的家，跑到这个城市里来，边做没有什么保障的零工，边陪她读书，已属不易。还有姐姐，为了她的学费和父母的工作，勉强和一个不喜欢的有权势的人定了亲，而且将婚期拖了又拖。除了最好的成绩，她知道自己再也没有什么能回报给他们。当然，她还要在放学后早早地回去，帮父母做家务，亦让他们不必为她的晚归而担心。

她很高兴学校有一个安静的后门，可以让她不被人注意地慢慢

谨记铭心的教诲

地走回家去。家，也只是暂时租来的，是那种马上要被划入拆迁之列的平房。刚搬进来的时候，看到张开大嘴的墙缝和自由出入的虫子，她和妈妈都落了泪，是爸爸买了水泥和墙粉，一点点地给它穿上"新衣"。她吃过晚饭趴在书桌上学习的时候，看到对面干净的墙壁被橘黄色的灯光打上去的父母略弯的身影，便会觉得温暖和感激。

她借读的这个学校，是可以直升本校的高中部的。中考的时候，会根据成绩分出快班和慢班。快班的学生，几乎无一例外地会3年后考上理想的大学。所以，能进快班，几乎是每一个学生的梦想。可是，快班每年的学费比慢班要贵出许多。所以，当领到申请报快慢班的表格时，她犹豫了许久，终于还是在慢班一栏里，轻轻画了一个钩。

那天放学后，年轻的班主任便把她叫到办公室。班主任是个极温和的人，有着友善又亲切的微笑。他像兄长一样拍拍她的肩，示意她坐下，又冲了一杯热茶递到她因为慌忙而无处搁置的手中，这才开口问她："这么好的成绩，为什么不报快班？是父母的意愿吗？用不用我去家访？"她低着头，看着杯口氤氲的热气和一朵朵徐徐绽放开的茉莉花，积蓄了许久的泪，终于趁此哗哗地流了满脸。

班主任连声地向她说对不起。看天晚了，又执意要送她回家。她不知道怎样拒绝，只无声地走了几步，便使尽平生的力气道了声"再见"，返身向学校的后门跑去。

那一晚，她躺在床上想了许久，终于还是在第二天吃早饭的时候，把要报快慢班的事，和着母亲做的蛋炒饭，一起咽到了肚子里。

几天后，班主任又将她叫到办公室，给她看一份盖了红印章的通知。上面说中考前三名的学生，学校会给予免掉所有学杂费的奖励。尔后班主任笑着说：快班也是免，慢班也是免，你有这个把握为何不报快班，这样就不会吃亏了噢！她第一次抬起微红的脸，望着自己的老师，重重地点了点头。

她是在3年后考上理想的大学时，才知道，那个盖了红色印章的通知，是班主任一个善意的欺骗。3年的学费，亦是他一次次替她交上的。可是那时候的她并没有因此而有过分的惆怅和自卑。因为她早已能够正视自己的贫穷，并且真正地意识到，有许多的爱帮助她慢慢走过这段自尊与自卑无限滋长的岁月，其实是一种多么值得她用一生去感恩的美好和幸福啊。

小故事大道理

这是一位老师对孩子浓厚而深沉的爱，他用垫付的学费换来了孩子未来的幸福生活。这让孩子们正视了自己的贫穷，是老师扶正了孩子们人生的航向，是老师用他的爱陪他们走过自卑的岁月，点燃了他们对未来生活的希望。

我的语文老师
◇宁言

[务学不如务求师。
——扬雄]

在我的求学生涯中,经过了很多老师,唯有景老师给我留下了很深的印象。他是我小学三年级的语文老师。

说起景老师其实他也没多大,就是20刚出头,瘦小的身材,显得与实际年龄很不相符,白皙的脸上架着一副近视眼镜,显得是那么的儒雅。景老师平时是一个非常随和,非常健谈的人,有时也和我们在一起调侃开个玩笑,可是当他腋下夹着书本,一手拿着教"棍",一手拿着粉笔走进教室时,整个人都变了,变得是那么的冷酷,那么严肃认真,他对每个学生要求都非常严格,经常对一些背不下课文或不会写生字的学生训斥、罚站。景老师生气时的经典动作就是用两个指头猛推一下眼镜,只要一出现这个动作,同学们知道景老师已经生气了,你就瞧着那个不好好学习的学生挨训、罚站吧。虽然大多数同学那么长时间也摸不透他的脾气,但总觉得他是一个富有正义感、有知识、有学问而又很厉害的老师。

那时我刚刚9岁，整日里就知道贪玩，对学习无所用心，别的学生的书本都翻得像"反毛鸡"，可我的书本还像新的一样，这并不是因为我爱惜，而是我很少从书包里拿出来，因此学习成绩很差，在班里是倒数。每到景老师来上语文课，我就尽量躲在同学背后，然后把头缩得很低很低，生怕景老师看见我，让我站起来背课文。可是有一天我还是被景老师叫了起来。

我记得很清楚，当时景老师让我背的课文是《猴子捞月亮》，由于事前我根本没有用心读，更不用说会背了，加上景老师突然叫我，心里有些紧张，所以我嗫嚅半天只断断续续背出了一句："一只猴子看见井里有个月亮"，后面就再也想不起来了。只见景老师气得脸色发青，用两只指头猛推一下眼镜，大声地命令我站在讲台左边"反省"。

罚站，当时在我们同学眼里是一件最不光彩的事，我庆幸这么长时间还没有被罚过站，今天终于轮到我罚站了，心里真是又羞愧又难过。当我偷偷抬起头来，映入我眼帘的是全班同学异样的眼光，仿佛是在笑话我、嘲笑我。那时我就想我要是能钻进地缝里，我肯定会找个缝钻进去。禁不住羞愧和伤心，泪水大滴大滴地从我的脸颊上滚落下来。一下课我就拿着书本躲到一边认认真真地背了半天，第二天景老师又把我叫起来背诵那篇课文，我一字不差地背诵了下来，景老师笑了，还当着全班同学表扬了我。

从那件事后，景老师对我越来越好，我也发奋读书，学习成绩直线上升，期末考试语文考了99分，从倒数变成了全班第三名。景老师看在眼里喜在心上，经常把我叫到他办公室指导我鼓励我，并给我讲了很多做人的道理，给我的健康成长埋下了重重的一笔。

后来我们全家搬进了城里，我也就离开了辛勤哺育我的景老

师。时光荏苒，转眼几十年过去了，但每当我工作中取得成绩或者遭受挫折时，就不由得想起那段经历，想起景老师对我的亲切关怀和谆谆教诲，对景老师的感激之情便油然而生，思念涌上心头，恨不得一下子飞到我的恩师身边……

小故事大道理

教师不经意的一个眼神、一次批评就足以铸就一个高尚的灵魂。同样，一次失败也有可能抹杀一个人的一生。面对挫折或者失败，如果我们能从另一个角度进行思考，就会从中解脱出来，扭转乾坤，然后以一种积极的心态去迎接挑战。

春天的雨点

◇佚名

> 捧着一颗心来，不带半根草去。
> ——陶行知

达丽玛坐在教室里的板凳上，圆溜溜的一双眼睛看着老师乌罕娜，但是，她的心正和春风一起，游荡在大草原上：噢，我那雪团似的小羊羔，在含着羊妈妈的奶头跪着吃奶吗？我那刚拱出犄角的牛犊儿，又在互相顶架吧？我那黑油油的巴儿狗正在追赶鹰映在地上的影子吧？

"达丽玛，这个问题你来回答。"乌罕娜从42双眼睛里，发现了达丽玛这双溜了号的眼睛。

达丽玛站起来，她怎么能听到老师提出了什么问题？她脸羞得红红的，低下了头。

"放学后你留下来，到办公室，我为你补这堂课。"

达丽玛坐下来，她竭力忍住，才没让眼泪掉下来。她多像一只渴望飞出笼子的小鸟，偏偏还要多关一会儿！

孩子们活蹦乱跳地背上书包回家了！达丽玛低着头走进了办公

室。老师们都下班了，只有乌罕娜一人留下，她让达丽玛坐在自己面前，就像是对着42位学生，又开始讲起了课。

达丽玛听出来，老师的嗓子沙哑了。

达丽玛看到，老师的嘴唇发干了。

她望着老师善良的面容，认真的表情，心中暗暗发誓："再也不能在课堂上让心跑向大草原了。"她把老师讲的每一句话都印在心里……

补课完毕，她才看到窗外正飘洒着细细的雨丝。

"老师，下雨了？"

"你没听见远处的雷声吗？"

达丽玛摇摇头说："老师，我只听见您给我补课了。"

乌罕娜忘记了疲劳，抑制住心中的激动："哦，达丽玛……你会学得很好，我放心了……"

21岁的老师解开蒙古袍衣襟，把10岁的孩子搂在身旁，在绵绵春雨中，送孩子回家。

"老师，您的伞呢？"

"前些天，被一个外地的兽医借走了。"

"你一会儿回家，衣服要湿透了……"

"这雨不大……"

乌罕娜把达丽玛送到家门前，扭身走了。达丽玛摸着自己干干的衣服，望着老师细雨中朦胧的背影。她没搭理跑来讨好自己的巴儿狗，没去看心爱的小羊羔儿，不理睬调皮的小牛犊儿。细雨打湿了达丽玛的头发，她一直望着老师的背影消失在绿蒙蒙的原野里。

绵绵春雨一直下着。第二天早晨，乌罕娜推开家门，只见达丽玛正高高举着一把鲜红的雨伞，站在绿茸茸的草地上等待着她。看

见老师出来了,达丽玛的笑脸像绽开的花朵。

春天的雨点儿,落在草原上,草原上萌发蓬勃的生机;春天的雨点儿,仿佛也落在乌罕娜和达丽玛的心里。

小故事大道理

春天的雨点,滋生着希望,孕育着生命。这种师生之间的感情,就像春雨滋润在两个人的心田,年轻的老师用她的敬业精神、她的宽容打动了贪玩儿的孩子。老师就像这春雨,把孩子的心灵冲刷得干干净净,滋养着孩子们的生命和灵魂。

永远的秘密

◇张文斌

> 在教师手里操着幼年人的命运，更操着民族和人类的命运。
>
> ——陶行知

岁月留痕，我考取泰兴师范学校，走出了贫穷的乡村。师范生活很有规律，早晨5点半起床，然后到操场晨练，之后开始一天的学习生活。俗话说："半桩子，饭缸子。"那时候我们正处在生长发育期，虽然学校伙食不错，每天都有荤腥，但因为是定量，一些同学会额外买些馒头、油条。我的家境不好，经济拮据，有时看着同学手里抓着馒头，自己只得低下头悄悄地咽一口唾沫。

初冬的一个下午，全班到学校综合实验楼上物理实验课。偶然间我瞥见一串香肠挂在二楼走廊上：在一根三尺来长的细竹竿上悬着十来根粉红色的粗粗的香肠。那肯定是某位教工自制留着当年货的。难忘啊，那几根香肠的影子就一直在我眼前晃荡。直到晚上躺在床上，还挥之不去。一种想法在我心中慢慢滋生：偷一根，主人未必会发现，若是发现了，也无从查起。再者这香肠说不定还是某位厨工克扣我们伙食捞的呢。

在一个没有月光的夜晚，我悄悄地从上晚自习的教室里溜出来，直奔综合实验楼，割下一根香肠藏在腋下，再跑回宿舍把香肠塞进热水瓶里，然后折回教室。这个晚自习我心神不定，还剩5分钟下课，我抢先跑回宿舍，从热水瓶里拎出半生半熟的香肠，狼吞虎咽地吃下去了。第二天我有意从综合楼下绕过，看到香肠还挂在那儿。接连几天都风平浪静。想到香肠的美味，我的心又痒了。这次为保险起见，我在教室里一直待到下晚自习，最后一个熄灯离开。我悄悄地走向综合楼，蹑手蹑脚地爬上去，楼上悄无声息，我拽下一根香肠正想往回走。突然，一道手电的光迎面射来，我立刻像遭了雷击似的愣在那儿。"你是哪个班的？"一个略带沙哑的声音问到，这声音低沉有力。"走，到我家去一趟。"我乖乖地跟着下了楼梯。就在楼梯口，他推开通向楼梯里间的门，里面亮着一盏台灯。进了门，我看到他梳着大背头，长方脸，肤色黝黑，我认出来了，他是一位体育教师，每天在操场上指挥同学们晨练，姓杨。我觉得一丝侥幸，他不教我们一年级的课。我低着头站着，不知所措。杨老师打量我足足3分钟，才缓缓地说："哪个班的？叫什么名字？"我如实回答。"告诉你，前几天香肠突然少了我就留神了，我家住这儿，楼上一有动静就知道。"我的手脚在颤抖。又过了一会儿，杨老师说："你先回去，写份检讨，明天中午再来找我。"

　　这一夜我难以入眠，我担心这件事若被班主任知道，传扬出去，自己的脸往哪儿搁呢？上个星期才打入团报告，肯定没戏了。我恨自己怎么如此没出息。

　　好不容易挨到第二天中午，我匆匆跨进杨老师的家。他的家狭窄、低矮，就是利用楼梯间而已，凳子、桌子、煤油炉子拥挤在一处。杨老师正和妻子、女儿挤在里头吃饭，桌子上一碗炒青菜，一

盘炒豆芽，还不及我们学生的伙食好。见我来了，他迅速地扒完饭走出来，递过一只条凳叫我坐下。我把检讨书掏出来，他询问了我的一些情况后说："有困难可以讲出来，偷偷摸摸会损名。过去的事就不谈了，我相信你以后不会再这样做。"我怯生生地请求道："这事能不能不告诉我们班主任？"
"只要你知错就改，我会保密的。"

此后，我害怕班主任找我。一个星期过去了，一个月过去了，平安无事。第二年5月，我还入了团。我从心里感激杨老师，不但宽恕了我，还为我保守了秘密。在以后的日子里一看到他，我就避得远远的，因为我无颜面对。直到师范毕业，我都没有勇气上前叫一声"杨老师"。

转眼间，我已经做了20年的教师。在工作中每当面对犯错误的学生时，我就自然地想起杨老师，我也学会了用宽容和信任对待学生。

为了表达对杨老师诚挚的谢意，今天我自抖老底。秘密已经公开，我仍会记着，直到永远。

小故事大道理

这个秘密中包含着尊重和宽容，让人找到更多可以笑对人生的理由，让孩子们确信在这个世界上还有爱、有信任、有寄托。老师在学生心中留下的是信任和宽容，他们用这种方式来安抚着学生不安的心灵，小心翼翼地呵护着孩子们的伤口，使他们不再有疼痛。

美丽的回报

◇乔晶

> 身教重于言传。
> ——王夫之

《第五单元目标测试》的试卷改完了。

下课铃刚响过,办公室的窗口出现了一张张小脸,上面写满了既焦急又欢喜的神情,捏着嗓子问:"乔老师,我得多少分?"我扭头一看,趴在窗口的学生中,竟然有"与众不同"的男生赵明庆(化名)。上课了,我笑着说:"这次单元测试,你们知道考得最好的是谁吗?是我们的赵明庆,他考了60分啊!"60分对别的孩子来说,可能是一件耻辱的事,但对赵明庆,不亚于石破天惊的大事。"赵明庆同学,现在请你站起来,接受老师和同学们的掌声!"我实心实意地说,双手真诚地拍了两下,像是一声号令,后面紧跟着响起了热烈的掌声。起初,赵明庆可能不敢相信眼前的事,很"油条"地站起来,待他听懂我的话后,再也压抑不住内心的喜悦,立刻像天安门广场的国旗手一样笔直地立在那儿,脸上露出喜悦的神情。试卷全发下去了,一件意想不到的事发生了。"乔

谨记铭心的教诲

老师，赵明庆他没有60分，你多算分数给他了。"赵明庆的同桌大声向我报告。我核算完后发现确实多给了他5分。放眼望着全班孩子悄无声息的样子，我甚至能捕捉到一丝狡黠的笑意。赵明庆出奇的平静，又是那种我熟悉的——死猪不怕开水烫的模样。各种念头在我脑子里闪电而过。最后，我平静又有些激动地说："乔老师确实是粗心大意，多算了5分，但是，今天我不想收回这5分，我愿意借给赵明庆5分，因为我相信，赵明庆同学他有一天会加倍偿还我的！"一年后，我收到一封信：

敬爱的乔老师：

谢谢您曾经借给我的弥足珍贵的5分。也许，您早已把那微不足道的5分忘记了，但它对于我来说却是刻骨铭心、终生难忘的。如果没有您借我的5分，我可能还是昨天的我，不会是今天的我，可以这么说：是您连同您那金子般的5分硬把我推入一片灿烂的阳光地带。您曾经说过，我会加倍偿还您5分，今天我做到了。可我知道：这珍贵的5分，今生今世又怎能偿还清啊！

您的学生赵明庆

这事过去已经好久了，因为这5分，再次让我体验到做教师的无比快乐，也让我更相信：只要真爱每一个孩子，总会收到意外的回报。

小故事大道理

老师借给了学生5分，学生给了他更高的回报——希望。有了希望就会彰显出生命的活力，这种师承效应很大程度上加强了学生的综合意识。

挂满仁爱的树

◇凤凰儿

> 师道既尊,学风自善。
> ——康有为

秋风拂颈,凉意满怀。秋天的枝头挂满了沉甸甸的果实。而在这个美丽的季节,尤为美好的,是这个9月里有一个值得纪念的节日——教师节。

这许多年过去,记忆中最难忘的,还是初三的化学老师——张老师。

张老师叫什么,早已不记得,只记得当时的张老师最多也就是40多岁的年纪,他个子矮小,脸色黝黑,瘦弱的身躯在寒风中总是显得有些单薄,又圆又小的脑袋上头发稀疏,一双半眯着的小眼睛却总在微笑着。于是,就有调皮的同学给他起的这个外号——茄子头。

那时候的我,别的科目都学得很好,唯独化学甚是迷糊,那些定义公理总是搞不明白,每次考试都刚刚及格。张老师单独教了我几次,可我越不会越不愿意学,化学成绩越来越差。我的同桌是一个从外地转来的补习生，成绩好得不得了，张老师特别喜欢她——这从张老师的眼神里就可以看出来：每次见到她，眼里都是慈爱的，近乎于宠爱的笑，而看我的眼神，则是一种轻蔑的，看不起的神色，好像在说：你别的科目都好有什么用？化学考不好，照样不能考高分。

　　笼罩在他的"这种眼神"之中，我的内心却掀起了很大的波澜，一股被蔑视的恼怒充斥着一向要强不甘落后的心灵。于是我暗暗发誓：一定学好化学，不让这个"茄子头"看不起。我开始认真地学化学，从书的第一页开始一个定义一个化学式地学起，一道题一道题地练习，不会的宁肯问同桌也不肯问张老师。我在心里暗暗地和张老师较劲；张老师呢，还是一如往常地淡淡地看我，一如往常地向我同桌绽开笑脸。

　　功夫不负有心人，那年的中考，我以全乡第二名的成绩考取省属中专，而最令人兴奋的是，我的化学考了满分！去学校看分数的那天，张老师高兴得几乎要抱我一下，但终于没有，只是脸上绽开花朵般的笑，对我说："太好了，你考得太好了。"那时，我早已被幸福和羞涩冲击得不会说话，却还记得张老师曾经的眼神，只是对着张老师笑了笑，跑开了。

　　如果，没有后面的事情，我永远都不会知道事情的真相而一直误会张老师。

等待录取通知书的时间，同桌来我家玩，无意中我说起张老师蔑视的眼神。同桌朗声笑了。她说："张老师怎么会看不起你呢？你知道为什么每次你问我题目当时我讲不清楚，第二天就能详细地讲解给你听吗？那是他看你别的科目都很好唯独对化学没兴趣，才想起的激将法。张老师和我说好了，若我会就由我来教你，我不会，张老师讲给我，我再讲给你。这个办法果然有效！"被骄傲和自尊涨满的心突然被一股暖流悄悄地浇灌。张老师宁肯忍受着被学生误解的痛苦，依然无怨无悔，用自己爱的胸怀，为他的学生创造了一个独特的升华空间。

时光荏苒，转眼已过去20年。因为学校的搬迁，再加上自己内心羞涩的性格，20年竟然都没有再见到张老师。年年岁岁花相似，岁岁年年人不同，这些年张老师不知已送走了多少学生，我只是他硕果累累的枝头最不起眼的一个，然而，他的树上挂满了仁爱，枝叶充满了激励，天空飘满了慈祥，给无数个我这样的孩子以最切身的爱和鼓励。

小故事大道理

很多的时候，我们并不是被困难打败，而是被自己打败。是我们自己没有了信心，还把罪过强加到别人的身上。于是，老师用激将法重新恢复我们的自信，他不管同学们是否误解他，对他来说，只要我们离开原地，再去任何一个地方都是上升。

有温度的梦想
◇马德

> 片言之赐,皆事师也。
> ——梁启超

珍道尔老师要离开学校去经商了,他向所有不愿让他离去的孩子们许下一个心愿,说要帮助每个孩子实现一个梦想。

同学们各自许下自己的心愿,有的想要一个漂亮的文具盒,有的想要一个足够结实的网球拍,有的想要一个最好的小提琴……

11岁的埃文一口气写下了自己的一串梦想,浏览非洲的乞力马扎罗山,到澳大利亚看大堡礁,登上中国的万里长城……

同学们都认为埃文的梦想不够现实,而且难为了珍道尔老师。因为即使老师有心帮助他实现这些愿望,但对于一条腿严重残疾的埃文来说,去这些地方有多大的困难是可想而知的。

一年以后,别的同学都陆续收到了珍道尔老师的礼物,唯独埃文什么也没有收到,大家纷纷劝埃文不要伤心,因为那样一个庞大的旅行计划,对谁来说都是不现实的。

10年以后,少年的伙伴们各奔东西,埃文也成了一个大小伙子，他经营着一家杂货铺，生活也不宽裕。一次，同学杰博告诉他，珍道尔老师的生意很不景气，已经到了濒临破产的边缘，两人不禁唏嘘感叹。

有一天，埃文正在整理着杂货铺，一个人推门进来，埃文没注意，问对方需要什么。对方摘下眼镜，轻拍埃文的肩膀，说："不认识我了吗？"埃文定睛一看，又惊又喜，是珍道尔老师，老师说："如果你没有忘记从前的计划，那么，请开始我们的旅行吧。"由于埃文知道老师经济上的窘迫情况，便推托自己实在不想去旅行了，只想平平淡淡地在家过安闲的日子。

然而，珍道尔老师还是坚持领着自己的学生去了位于坦桑尼亚的乞力马扎罗山，随后又到澳大利亚观看了大堡礁，最后登上了中国的长城。埃文觉得这次旅行给他的最大感受是自己虽然有一条残腿，但并不意味着丧失了人生的一切快乐。

旅行回来以后，埃文在市中心租了一个更大的铺面，扩大经营，又在郊外买了几块地皮，等待着有合适的机会用来发展地产，他要靠自己的努力完成人生所有的梦想。

埃文53岁的时候，已经是一个大财团的总裁了，一天，他专程去拜访了老师珍道尔，他问老师为什么在那样艰难的情况下，还要努力帮助一个腿有残疾的孩子完成一个或许并不可能实现的梦想。

珍道尔老师已经白发苍苍，他说："生意惨淡的那几年，我因为一时无法从困境中摆脱出来，也就无暇去顾及你的梦想了。然而几年之后，当我在出差的路上听到一个让我感叹的和震惊的故事时，我改变了想法。故事是这样的：有几个在野外滑雪的孩子迷了路，在寒冷的天气里他们快被冻僵了，被人发现送到医院之后大多数孩子已经不治而亡，只有一个孩子奇迹般地活了下来，那个孩子说，在快冻僵的时候，他心里一直有一个念头，他不能死，因为他要为病中的妈妈去实现一个梦想。就是因为这样的一个念头，给了他生的渴望，也给了他一种坚强的信心。他坚持了下来。"珍道尔老师接着说："那个故事给了我很深的感触，那一天，我第一次真实地触摸到梦想对人生有着不同寻常的意义。是的，不瞒你说，那一年我带你出游是背负着债务去的，我不想因为生意的惨淡，而让你因此放弃了人生的梦想。"

听完珍道尔老师的一席话，埃文已经是泪眼模糊，他说："谢谢您了，只是，您完全可以等到手头宽裕的时候再帮助我。"

"不，孩子，"老师说，"我必须及早地让你知道，梦想不可能等人一辈子，而沸腾的人生是从给梦想升温开始的。"

小故事大道理

梦想并非遥不可及，只是看你是否已经准备好上路了，或者你已经在路上了，只是遇到了挫折和坎坷。要记住：人不可能被打败，即使你陷入谷底，也要在失意中重新挣扎启程。如果一切都已经归零，那么就从一数起吧！

冰激凌的眼泪

◇彭永强

> 为学莫重于尊师。
> ——谭嗣同

朋友就读于一所师范学校，毕业后在父亲的努力下，进了县城的中心小学教书，日子过得平平淡淡。可是，朋友渐渐地对那种生活失去了兴趣，他想过得更有激情、更加精彩，于是就在一个青年志愿者协会发起的支援西部的活动中报了名，置亲朋好友的劝告于不顾，要求到西部支教。

朋友被安置到甘肃西部的一个小山村里。那所小学除了他之外还有一位教师，本村的，初中文化。朋友去的第二天就正式讲课了，三、四、五年级在一起上课，讲得匆匆忙忙的。不久，朋友就来信说，那里条件很苦，工作也累，似乎想知难而退。但后来发生的一件事改变了他的想法。那天，班上最小的一个孩子问他："老师，书本上说的冰激凌是什么东西？为什么城里的孩子都喜欢吃冰激凌？""冰激凌是一种冰做的食物，里面放有奶油、巧克力等，吃着凉凉的、甜甜的，是夏天最好的消暑食物……"面对一群瞪大眼睛的孩子，他忽然感到自己的解说是那样的苍白无力，毕竟，要想知道梨子的味道，是应该亲口尝一尝的。"老师，巧克力是什么呀？"他刚刚顿住，另一个孩子就迫不及待地问道。看着孩子们迷惑的眼神，朋友感到了问题的棘手，就匆匆地应付了几句，孩子们听得似懂非懂。此后，朋友的心也不能安宁了：城里的孩子整天吃着麦当劳、肯德基、热狗、火腿，玩着电脑游戏、变形金刚，而这一群山里的孩子，连冰激凌都还没有见过呢！一个偶然的机会，朋友到县城领一个邮包，正打算回去时，无意中发现了县城里唯一的冷饮店，他决定为班上的20几个学生每人买一个冰激凌带回去。好在那天天还不是很热，他向老板要了一个塑料盒子，又找来一些破棉花，包着装有冰激凌的食品袋，赶了近20里的山路，才回到了山村。还好，冰激凌才稍微融化了一点儿。他将冰激凌分给了孩子们，看到他们欢呼雀跃的样子，他的心里才稍稍多了一些安慰……

　　后来，他看到了一个孩子的作文："我们都很爱我们的老师，他是一个好人，给我们每人买了一个冰激凌，很好吃。我们以前谁也没有吃过冰激凌，那时，我们感动得流泪了，冰激凌也很感动，也流着白色的泪……"

小故事大道理

　　一个山村的教师，展示了他那平凡却又伟大的一面，他的爱有一种"润物细无声"的细腻，闪烁着一种淡淡的华彩。老师的爱是朴实的，就像那冰激凌的眼泪，尽管有"泪水"，却是甜甜的味道。

能给予就不贫穷 ◇马旭

> 老师，是美的耕耘者，美的播种者。
> ——佚名

　　教师节那天，一大群孩子争着给他送来了鲜花、卡片、千纸鹤……一张张小脸蛋洋溢着快乐，好像过节的不是老师倒是他们。

　　一张用硬纸做成的礼物很特别：硬纸板上画着一双鞋。看得出纸是自己剪的——周边很粗糙，图是自己画的——图形很不规则，颜色是自己涂的——花花绿绿的，老师能穿这么花的鞋吗？

　　上面歪歪扭扭地写着："老师，这双皮鞋送给你穿。"看看署名像是一个女孩——这个班级他刚接手，一切都还不是很熟，从开学到教师节，也就10来天。

　　他把"鞋"认真地收起来，"礼轻情义重"啊！

　　节日很快就过去了，一天他在批改作文的时候，看了这个女同学送他这双"鞋"的理由。

　　"别人都穿着皮鞋，老师穿的是布鞋。老师肯定很穷，我做了一双很漂亮的鞋子给他。不过那鞋子不能穿，是画在纸上的，我希望将来老师能穿上真正的皮鞋。我没有钱，我有钱一定买一双真皮鞋给老师穿。"

这是一个不足10岁的小姑娘的心愿。他的心为之一动。但是，她怎么就知道穿布鞋是穷人的标志呢？

他想问问她。

这是一个很干净的女孩子，一双眼睛清澈得没有任何杂质。当她站到他面前的时候，他似乎找到了答案。

他看见了她正穿着一双方口布鞋，鞋的周边开了花，这双布鞋显然与他脚上的这双布鞋不一样。

于是有了下面的问话。

"爸爸在哪里上班？"

"爸爸在家，下岗了。"

"妈妈呢？"

"不知道……走了。"

他再次看了她脚上的布鞋，那一双开了花的布鞋。

他从抽屉里拿出那双"鞋"来。这时他感受到了这双鞋的分量。

她问："老师你家里也穷吗？"他说："老师家里不穷，你家里也不穷。"

"同学都说我家里穷。"她说。

他说："你家里不穷，你很富有，你知道关心别人，送了那么好的礼物给老师，老师很高兴。你高兴吗？"

她笑了。

"和老师穿一样的鞋子,高兴吗?"

她用力地点点头。

他带着她来到教室,他问大家,老师为什么穿布鞋呢?有的同学说,好看。有的说,透气,因为自己的奶奶也穿布鞋。有的同学说健身,因为自己的爷爷打拳的时候都穿布鞋。很奇怪没有人说他穷。

他说穿布鞋是一种风格,透气,舒适,有益健康。

后来这位老师告诉同学们,脚上穿着布鞋心里装着别人,是最让老师感到幸福的!只有富有的人才能给予别人爱,才能给予别人幸福;能给予就不贫穷。

小故事大道理

真的应了那句"赠人玫瑰,手留余香",不论你是贫穷,还是富有,只要心里装着别人,那种淡淡的、不动声色的关怀就是你的财富。要知道,只要你可以给予,你就是富有的,就是快乐的,往往给予比拥有更重要。

美丽的歧视

◇欧阳锡龙

> 假定美德即知识，那么无可怀疑美德是由教育而来的。
> ——苏格拉底

李老师是我读高二时的班主任。他那时已经60多岁了，却还教两个班的语文。作为省特级教师，他的课讲得很精彩，可对于这样壮心不已的老师，我却不怎么在乎。

那时我18岁，性格叛逆，自以为是，成绩着实让父母寒心。有一个夏夜晚自习，我伙同一帮人玩牌，被李老师碰个正着。他毫不客气地罚我站在讲桌边，唠叨着给我上"政治课"。我根本听不进去，相反，却在心里酝酿出一个"阴谋"，决定明天吓吓他！

第二天，我捉了条青蛇塞进了他的讲桌里。李老师毫不知情，拉开抽屉取粉笔时，小蛇一蹿。"啊，蛇！"李老师骤然一惊，面如死灰。底下一阵喧哗，而我笑得最响。李老师那双浑浊但洞察力很强的眼睛落在我身上，他开始说话了："大家听着，如果欧阳锡龙这样的人能考上大学，李某我就能倒着头走路！"他的声音颤抖而沙哑，像一根鞭子抽在我身上，又如针尖一样刺在我的心房，我

感到了前所未有的痛苦……

从那时起，我就决意要活出一个崭新的自我，要做一个有用的人，我要让李老师明白：我不是一个可以被他的歧视打败的人！怀着这样的信念，我投入到紧张的学习中，身心充满着激情，不再空虚失落。

高三第一学期，我进入了年级前15名。在高考的第二天，我晕了半场，数学只得了58分，被录到了邻市师专外语系。

我觉得无颜去见李老师，但好友带来了李老师的话："欧阳锡龙的努力成功了，当初对他用激将法还真担心挫伤了他。"

我这才理解了李老师用心之良苦，他知道能拯救我的不在于他职责和感情上的直接帮扶，而在于让我自己激励自己以求奋发向上。他深信他的那份歧视会抵达我那荒芜的心田，能够如巨剪一般清除杂草，最后让真善美的苗木开花结果。

我感谢李老师，感谢他曾经给予我的美丽的歧视，在那歧视当中，饱含了一位老教师对一个顽劣学生的拳拳关爱。每每咀嚼这段往事，我更多感受到的是李老师对我的真爱，这爱深沉而又绵远！

小故事大道理

这个歧视有了美丽的味道，它是在拯救一个孩子的灵魂，让他倔犟的头颅可以执拗于自己的学业，而不是选择逃避现实。老师深信，歧视这样的激将法可以到达人内心最荒芜的地方，也只有这样，才能让学生们拥有一鼓作气的力量！

第三辑
天使的翅膀

感恩老师,给我前进的动力;感恩老师,给我飞翔的翅膀;感恩老师,给我指明人生的方向;感恩老师,给我放眼世界的慧眼……老师就像是一支红烛,一点一点地融化我们心灵的冰川,走近我们地心灵,让我们远离寂寞。他给我们的爱,轻轻的,柔柔的,像茉莉一般,散发着沁人心脾的香味。老师的爱,无私中透露着平凡,却又暗含一些伟大。

同学们，拜托了

◇杨旭辉

> 教师是人类灵魂的工程师。
> ——斯大林

上高中的时候，我们班只是个普通班，比起学校里抽出的尖子生组成的8个实验班来说，考上大学的机会不多，因此除了几个学习的同学很努力外，我们大多数人都只是等着毕业混个文凭，然后找个工作完事。

我们的班主任，兼着我们班代数课，是个刚从师范院校毕业的学生，他非常敬业，每日里都催着我们学习学习再学习，作业作业再作业。但是说归说，由于许多人抱着破罐子破摔的想法，我们的成绩却仍然上不去，在全校各科考试中屡屡倒数。

直到高二时的一次数学联考，张榜公布的我们班的成绩却破天荒地超过了几个实验班的成绩，这使我们兴奋了好几天。发卷的时候到了，老师平静地把卷子发给我们。我们欣喜地看着自己从没考过的高分。这时老师说："请同学们自己计算一下分数。"算着算着，我的分数竟比实际分数高出20分，同学们也纷纷喊了起来，

"老师怎么给我们多算了20分？"课堂上乱了起来。

老师把手摆了一下，班上静了下来，他沉重地说："是的，我给每位同学都多加了20分，这是我为自己的脸面也是为你们的脸面多加的20分。老师拼命地教你们，就是希望你们为老师争口气，让我不要在别的老师面前始终低着头，也希望你们不要在别的班的同学面前总是低着头！"

老师接着说："我来自山村，我的父母都去得早，上中学时我曾连红薯土豆都吃不起。唯一的小妹为了我，小学没毕业就不上学了，到现在还在外地打工，这是我一辈子都还不起的人情债。大学放暑假，我每天到建筑工地拉砖，曾因饥饿而晕倒。但我就是凭着一股要强的精神上完师院的。生活教会了我在任何时候都不能服输，而你们只不过在普通班就丧失了信心，我很替你们难过。"

这时候，教室里安静极了，同学们都低下了头。老师继续说："我希望我的学生们也要做要强的人，任何时候都不服输，现在还只是高二，离高考还有一年多的时间，努力还来得及，愿你们不靠老师弄虚作假就挣回足够的分数，让老师能把头抬起来，继续要强下去。"

"同学们，拜托了！"说完，老师低下头，竟给我们深深地鞠了一躬。当他抬起头的时候，我们看到他的眼睛流出了泪水。"老师。"班里的女生们都哭了起来，男生的眼里也含满了泪水。

那一节课，我们什么也没有学，

但一年后的高考，我们以普通班的身份夺得了全校高考第一名。据校长讲，这在学校的历史上是从未有过的。

我们每一个学生都会记住老师的眼泪。

小故事大道理

一句"同学们，拜托了"，表达出老师多么殷切的期待，这是老师发自心底的呼喊，是一种无私的表白。学生们跟随着老师的脚步，最终获得了成功。其实有时候，奇迹的出现凭借的就是一种执着的信念，一种永不退缩的精神，还有就是爱的流露。

女教师的47个吻

◇佚名

> 教师个人的范例，对于青年人的心灵，是任何东西都不可能代替的最有用的阳光。
> ——乌申斯基

查文红，这个上海女人，自愿来到安徽省砀山县曹庄镇魏庙小学，当一名不拿一分钱工资的"编外教师"。1998年9月初，当她兴致勃勃地拿着教材和精心准备的讲稿走进教室时，家长和孩子一看老师是个上海人，都用一种不信任的眼光看她。有的家长竟带着孩子离去，转到另外的班，教室里一下子就空出了好多的位子。这当头一棒把查文红打得摸不着头脑。她找到校长，问是怎么回事。校长道："我们这里上课都是用土话，家长和孩子担心听不懂你的普通话，所以跑了。"

查文红感到委屈，但她还是硬撑着上完了第一节课。下课时，一名学生用土话问她："老师，狠狠还来吗？"查文红没听懂，便问道："'狠狠'是什么意思？"学生们哄堂大笑，一个小男孩不客气地说："'狠狠'就是'狠狠'，你连'狠狠'都不知道，还来教我们？"教室里再次爆发出哄堂大笑。

查文红有些恼火，但她不便对刚进校门的一年级孩子说什么，便又去问校长："'狠狠'是什么意思？"校长笑着说："这是我们的土话，就是下午的意思。"

第一节课的遭遇引起了查文红的深思。她看到了农村的落后与闭塞，如果这些孩子长大后还只晓得"狠狠"，他们将永远走不出这贫瘠的土地，也将永远不能与外界沟通。她决定倡导用普通话教学。为了让学生首先能听懂老师讲课的语言，然后学会讲普通话，她开始刻苦学习当地土话，一有机会便向村民们学习。此后上课，她总是先用普通话讲，然后再"翻译"成学生能听懂的土话。在她的推动下，普通话渐渐成了校园里"时髦"的语言。

查文红为了让启蒙阶段的孩子在愉快的氛围中接受知识，通过讲故事与编顺口溜的方式进行教学，深受学生的欢迎。孩子们的学习热情高涨，期末考试时，全班的语文成绩平均达到了91.87分，名列全镇第一。家长们闻讯，纷纷买来鞭炮，到学校放了起来。一位家长激动地说："这么好的成绩，我们多年没见过了，感谢查老师！"

面对此情此景，查文红激动得哭了。她庆幸自己的努力终于有了回报。那天晚上，突然停电了。她只好躺在床上，一边想着远在上海的丈夫和女儿，一边等待来电。这时，窗外传来一阵碎乱的脚步声，她有点害怕，便壮着胆子喊了声："谁呀？"脚步声便消失了，外面一片寂静，静得让人心慌。就在她再次准备躺下时，又传来了敲门声，她担心是小偷，便提着棍子，走到门边猛地将门一拉，这时她惊讶地发现，住在附近的三个学生举着一支点亮的红蜡烛站在门口。其中一个孩子说："刚才停电了，我们担心老师一个人害怕，便把家中过年用的红蜡烛拿来给你壮胆。因为不知道你睡了没有,所以我们在你窗子下面听了一会儿。"

一支燃烧的红烛映着三张淳朴而稚气的脸庞,查文红十分感动,她接过红烛,将孩子们拥在怀里说:"谢谢你们,老师谢谢你们了。"

当时春节已经临近,学校照顾她想让她早点回上海过年,便让查文红把剩下的课集中讲完。孩子们听说老师要走,心里都很难过,竟不能集中精神听课。查文红有些生气,正准备批评他们时,一个名叫丁丽的小女孩站了起来,很失落地说:"老师,你不走行不行?"

"不行啊,"查文红说,"老师要回家过年呢。"

"那……你到我家过年行吗?"

"不行,因为上海的家里还有个姐姐正等着老师回去呢。"

听到这里,小丁丽哭着说:"那你亲我一下好吗?"

查文红感动了,走过去亲了亲小丁丽,止不住流下泪来。这时,全班同学不约而同地站了起来,都说:"老师,你也亲亲我吧。"于是她一路亲过去,班上的47个学生,她一一亲到。亲完最后一个学生,全班同学放声大哭起来。孩子们觉得,查老师这一去就再也不会回来了。

47个孩子一起大声哭,那该是一种什么样的情景啊。哭声传出,全校师生以为发生了什么事情,纷纷跑了过来,附近的村民也闻声从家里赶来了,一时间全校学生都哭了,面对如此伤感的场面,一些老师和村民也不知不觉地流下泪来。

"那惊天动地的哭声,我从未听到过,至今还在我心中回荡,这一辈子我都忘不了那感人的哭声。"查文红每忆及此,都感动得双眼湿润。

大年三十晚上，查文红上海家中的电话响个不停。她知道那是她的学生打来的。临行前，孩子们纷纷表示，春节期间给她打电话，她怕孩子家长们付不起电话费，所以没同意。最后班长出了个主意说："我们打电话时，你别接，不就省钱了？我们约好，如果电话铃响两下就停了，那一定是我们打的。"

此时听着那不断响两下的电话，查文红的心又回到了魏庙小学，回到了孩子们的身边……

小故事大道理

老师没有自私的爱，他们总是把爱无怨无悔地付出给他的学生们，而同学们还给他的也同样是爱，这种爱的给予是相互的。尽管师生之间的感情没有惊天地泣鬼神那么悲壮，却是世间最清新的一缕芬芳。

谁弄丢了我的考卷

◇佚名

[教师不仅是知识的传播者，而且是模范。
——布鲁纳]

李晓鹏是个初三的学生。这天，他参加完班里的数学竞赛，走出考场，很是懊恼，这次考试他又考砸了。李晓鹏的爸爸不久前在一次事故中去世了，突如其来的打击，让李晓鹏产生了辍学打工的念头。妈妈怎么劝，他也不听，还是新来的班主任彭老师一次次家访，苦口婆心让李晓鹏回到了学校，没想到当头就挨了这一棒。他真想找个地方痛痛快快地哭一场，把心里积压多日的苦闷一股脑儿地发泄出来。他觉得自己真的不是读书的料，又有了辍学回家的念头。

到了晚自习，彭老师抱着考卷来了。彭老师病歪歪的，教学却是一把好手。和往常一样，他从高分到低分依次向下发："王岚，100分；张大江，99分……"90分以上的念完了，没有念到李晓鹏的名字；80分以上的念完了，还是没有李晓鹏的名字；只剩最后一张考卷了，李晓鹏觉得自己的脸烫起来，他低下头，像等待法官判决一样，等着彭老师叫自己的名字。可是，最后那张考卷是另一位同学的，竟然没有李晓鹏的！

彭老师发完考卷，扫视了一圈教室，然后说："竞赛成绩不好没关系，可是居然有人没交卷，请那位没有拿到考卷的同学站起来，解释一下原因吧！"没交考卷？李晓鹏站起来，结结巴巴地说："我……我……交卷了！"彭老师咳嗽了两声，把目光转向了数学课代表，问："考卷是你收的吧？"课代表红着脸说："考卷是大家自己交到讲台上的，只要交了卷都应该在，会不会是他自己……""我交了的，肯定是她收考卷时不小心给弄丢了！"这时候同学们七嘴八舌地说开了，有的幸灾乐祸："他肯定是怕丢人，把考卷撕了！"有的冷嘲热讽："瞧他那熊样，还想打肿脸充胖子！"听到这些话，李晓鹏急了，不服气地争辩道："谁说我没交卷？我绝对交了！"

彭老师看着大家，捂着胸口摆摆手，说："这样吧，我有个提议：咱们给李晓鹏一次机会，让他当着大伙的面重做，真英雄假英雄一下子不就检验出来了？""就凭他，再做十次也是狗熊！"同学们叽叽喳喳议论了一阵，同意了彭老师的意见。李晓鹏生气归生气，还是背对着全班同学，在最前排做起考卷来。为了在同学面前争回一口气，这一次他仔细审题，尽量避免因马虎失分。

第二天数学课上，彭老师兴冲冲地走进教室，说："昨天晚上的竞赛卷，李晓鹏得了98分，如果按标准评奖，他该评为二等奖，大家说说这奖怎么评？"哇，这不会是在做梦吧？李晓鹏脑袋晕乎乎的，他简直不相信自己的耳朵。下面早就炸开了锅，有的说他是瞎猫碰上死耗子，有的说要公平竞争，当场没交卷不能参加评奖……最后，彭老师给李晓鹏评了一个特别优秀奖，不占

大家评奖的名额。

下了课,彭老师把李晓鹏叫到办公室,说:"老虎不发威,别人还以为你是病猫呢!昨天晚上你憋了一股气,潜能就发挥出来了。那张考卷我留下做样卷,先不还给你了,你没意见吧?是当病猫还是当老虎,就看你自己了!"说着,彭老师轻轻拍了拍李晓鹏的肩膀。李晓鹏心里热乎乎的:"看来,只要发发狠,我也可以发挥潜能,我也能够获奖!"

李晓鹏放弃了辍学的念头,凭着这一股狠劲,学期结束时,他上升到全班前十名;学年结束,他又上升到前五名。初四毕业,他顺利考上了县里的重点高中。

可是,彭老师却积劳成疾,在把李晓鹏他们送上高中后的第二个暑假去世了。得知这个噩耗,李晓鹏和几个同学一起去彭老师家帮忙。李晓鹏在清理彭老师遗物的时候,意外发现了两张过去的试卷,上面的字迹很熟悉:天哪,这不是自己的那两张竞赛卷吗?一张是他第一次做的,只批改了一半,大部分是红叉叉,上面没有成绩;另一张是他那天晚上在晚自习时做的,改完了,可是

上面的成绩却让李晓鹏大吃一惊——只有78分!

这一瞬间,李晓鹏什么都明白了,为什么彭老师没有把这两张考卷还给他,他只觉得泪水模糊了双眼……

小故事大道理

自信的人就是在阴雨绵绵的雨天也可以给自己创造太阳的人,而老师就是给他的学生栽培太阳的人。老师用了一个善意的谎言,抬升了学生的价值,让他知道潜能是被激发出来的,而自信才是激发潜能的根本。只要走出心灵的黑暗,那么明天就是光明的!

沉默的效应

◇佚名

> 不管一个人取得多么值得骄傲的成就，都应该饮水思源，应当记住自己的老师为他的成长播下最初的种子。
> ——居里夫人

　　白老师大学刚毕业，在一个乡镇中学带初三慢班。这个班每次考试都有零分的学生，他们厌学、旷课、打架，甚至联合起来捉弄老师。

　　寒冬的一天，上午第一节是白老师的课，教室里异常安静。白老师带着疑惑推开了教室的门，这时，一件意料不到的事发生了，门上面放着的一盆水把他从头浇到脚。一些学生大笑，更多的学生在发愣。

　　白老师一言不发地走上讲台。天气十分冷，正对着讲台的玻璃窗被学生打碎了，冷风正呼呼地吹着。白老师的发梢慢慢结了冰，衣服开始发硬，脚下汇聚的一摊水也结了冰，寒意遍布全身。

　　教室里一下子安静了下来，学生们没有一个敢抬头看老师，他们等着那座火山爆发。可是白老师依旧没有说话，他的牙齿开始打战，浑身发抖。一些学生偷偷地看他一眼，赶快低下头。不久，他

听到一些女生咿咿的哭声。

一个胆大的女生站起来说:"老师,你原谅我们吧。我们错了,你赶快去换衣服吧。"白老师没有言语,依旧沉默着。

班里最捣乱最不服管教的王小锋站了起来,说:"老师,是我放的水,你打我骂我都行,那样,我心里会好受些。别在这里挨冻了,我后悔极了!"

白老师依旧没有说话,沉默着,注视着他们。哭声弥漫了整个教室。这节课,对老师,对学生,可以说是最漫长的一节课。终于,下课铃响了,白老师一言不发地走出了教室。回到宿舍,他感冒了,发起了高烧。第二天,他拖着酸软的身子坚持上课,哑着嗓子,不停地咳嗽。那一节课,是他教学以来学生们听得最认真的一堂课,没有一个人做小动作,没有一个人看课外书。

从那以后,班上的学生变了,中考成绩甚至可以和快班相提并论。这在全校引起了轰动。同事们都向白老师讨教秘密,白老师说是因为一盆水。不少学生毕业后,经常给白老师来信,说得最多而且最难忘的就是那一盆水和那一堂课。

小故事大道理

如果把沉默运用到极致就会达到"此处无声胜有声"的境界,教师面对学生们的恶作剧,他选择了沉默,他始终相信孩子们自己可以揭开蒙在他们外表上的伪装,表露他们真实的情感。老师没有严厉的指责,也没有谆谆教诲,而是饱含期待地选择了沉默。

一堂课改变了我 ◇林卉

> 传播知识，就是播种希望，播种幸福。老师，您就是这希望与幸福的播种人！
> ——佚名

我曾经是一个不爱学数学、讨厌上数学课的女孩，但是一堂数学课改变了我。

一天，新调来的曾庆婷老师，满脸不高兴地走进教室，刚站到讲台上就开始批评我们，说我们昨天的家庭作业做得糟糕，全班只有一个100分。大家听了，都把头压得很低。过了一会儿，曾老师的话语缓和了一些，对我们说："大家猜猜这个得100分的同学是谁？"同学们疑惑地眨着眼睛，晃着脑袋，唧唧喳喳地猜开了。

"要我猜呀，这个得100分的肯定是班长谭云。"

"不对！应该是学习委员吴兴平，他的数学学得最好。"同学中有说张三的，也有说李四的，可曾老师只是一个劲儿地摇头。

"曾老师，是谁呀？您快说吧！"顿时，教室里热闹起来，大家都急于知道谜底。曾老师微笑着对我说："刘美琴同学，这个100分会不会是你的呢？"

还没等我回答，教室里议论开了。"老师，这不可能。"

"对，曾老师，怎么可能是她呢？这不是太阳从西边出来了吗？"哄！教室里响起一阵笑声。我羞愧极了，同学们为什么这么看轻我？

"静一静，"曾老师大声地说，"告诉大家，昨天家庭作业得100分的，正是刚才被你们笑话的刘美琴同学。"曾老师的话音刚落，全班同学的目光"刷"地移到我身上。

这时，曾老师一边说，一边微笑着向我走来，眼神里充满了信任。

"刘美琴同学，你怎么哭鼻子呢？你应该高兴才对呀！以后你会得更多的100分，老师相信你。"

"嗯！"我点点头。这时，教室里响起了噼里啪啦的掌声。

从那以后，我发觉自己变了，变得对数学有了兴趣，喜爱上数学课了。

小故事大道理

　　教育是一种艺术，那么老师就是一位艺术家。老师的鼓励和信任就像一缕春风滋润着学生的心田。这些艺术家们伴随着学生跳动的脉搏，探究学生的心理，能随时发现学生的潜力和独特之处。很多时候，老师的付出也会得到孩子们给予的小小惊喜。

我的班主任
◇佚名

> 老师在我们的面前打开了一扇窗户,让我们看到了一个斑斓的新世界……
> ——佚名

当尘封已久的记忆之门被打开时,心灵深处回响的是感动而悠远的音符,光阴的故事里,与恩师共鸣的细节将悄悄地向你我游来……

那一年,我读高一,我的班主任是一个刚从大学毕业分配到我们学校的年轻老师。他戴眼镜、知识渊博,一副温文尔雅的儒生形象。他的出场并没有给我留下太多印象,之后关于他的所有感动和感激都是从那一年的运动会开始的。

秋季运动会对于胆小怕事、沉默寡言的我意义非凡,只有在跑道上驰骋,才能找到那种平时很难出现在我身上的光芒。初中获得1 500米长跑冠军的辉煌在我的脑中定格为一座永恒的丰碑,那是我所做过的最让我自豪的事情。这次运动会我报了长跑——5 000米,这在我的心里是一种绝对的自我挑战,我给自己立下了"军令状"。训练场上我挥汗如雨,只为赢得一次辉煌,给自己一个挺起胸膛的理由。

黑板上的字迹

那一天如期而至,班主任很早就带领全班同学守候在赛场。我看到他在不停地忙碌着,不是为运动员倒水,就是为他们加油呐喊,不是激动得大声叫起来,就是紧张得汗水直流。在我即将上场时,班主任找到我,说:"何,对自己有信心吗?""试试看吧,以前我还从来没有跑过5 000米呢。"我竟然有点心虚。他安慰我说:"你跟着我的节奏跑,不要着急,何况胜负并不是目的,重要的是挑战了自我!"一开始我遥遥领先,班主任紧紧地跟在后面,"伟华慢一点,不要着急,保持体力!"卷起裤脚的班主任喘气的样子有点滑稽。我感觉自己像插上翅膀的飞鸟,不知疲倦,自由翱翔。突然,老师的电话响起,"什么?"班主任的声音有些吓人,我分明看到他的眼神透着焦急与复杂。来不及细想,我努力地向前跑,足下的土地让我有些眩晕了,已经跑完两千米了,我还是第一。老师仍然在跑道外紧紧跟着我,一遍又一遍地叫着加油,传递着安慰,那些话语轻易地就将我有点昏沉的头脑唤醒,力量又从脚下生长起来。3 000米了,我觉得我的体能到了极限,身后的追兵越来越近了,突然,他们在一瞬间竟赶上了我,我已经落后到第三的位置了。顿时,我心里开始着急,脚开始不听使唤了。我想,也许下一秒钟我就会爬不起来了吧!就在我意识开始模糊的时候,他清瘦的身影又出现了,他冲到我的侧前方,大声地喊着:"把腿抬起来,你是最棒的!"昏沉的头脑变得清醒了，一种力量又重新苏醒。我转过头看老师，他的脸上淌满汗水，不知为什么，他的眼睛居然是红红的。我迈开步子，拼命向前追赶。4 500米了，再跑五百米就可以到达终点了，我和其他几个运动员相差的距离只有几米了。但每跑一步，我的心脏似乎就被刀割了一次，呼吸困难不已。最让我担心的事情还是发生了，在离终点线只有200米的时候我摔倒了，跑道上铺设的煤渣如针尖一般刺在我的皮肤上，我忍痛踉跄着爬起来，忽然，我看到自己的手臂内侧和膝盖上摩擦的伤口流出了殷红的鲜血，扑通一声，我顿时失去了知觉。

再次清醒的时候已是在医院，老师过来看我的时候手臂上缠着一道黑纱，这时我才知道原来他的父亲病逝了，之前那么多电话都是催促他赶快回家的。望着眼前这个年轻的、压抑着自己悲痛的老师，我忍不住哭出声来。他安慰我，失败了没关系，就因为跌倒而哭泣是最愚蠢的。他哪里知道，我是为他的大爱无私而深深感动了！

3年时光如风如电，转瞬就消逝得无影无踪，有些事情已淡忘，有些东西却日渐深刻，难以忘记他在听到父亲病逝时复杂的眼神和瞬间苍白的面孔，难以忘记他坚持陪我跑了一圈又一圈时的情景，难以忘记他对我说的话："就算跌倒，也同样可以获得自信！"

小故事大道理

跌倒了并不可怕，可怕的是在摔倒后没有爬起来的勇气。没有谁的人生风平浪静，任何时候都可以从头开始。人生的跑道上有很多的意外，但是在这条路上我们一定要勇敢地跑下去，就算跌倒，也要姿势优美地爬起来！

新来的胡老师

◇王建政

> 老师亲手点燃我们身上的火花，它永远散发着智慧的光芒。
> ——佚名

以前，我对每天只做几道数学题都感到枯燥乏味，可新来的胡老师只用了短短的几天时间，就让我一天解几十道数学题也觉得津津有味。是什么原因让我迷恋上了数学呢？说起来，得感谢胡老师科学、艺术的教学方法。

胡老师来之前，我得知他是全国小学数学奥林匹克优秀教练员，心里不免产生疑问：他很严厉吗？他名副其实吗？可当我第一次见到他，就感到他确实出语不凡，课堂上独特的开场白，立刻把师生间的距离拉近了。他说："未来的主人们！我和你们交朋友来了，让我做你们的大朋友，一起来探讨数学上的有趣问题，好吗？""好！"我们异口同声地回答。这时，我情不自禁地想："有名气的教师原来是如此平易近人。"

学习开始了，胡老师真是怪得很，他不是开门见山地给我们讲数学，而是给我们朗诵了他写的一首小诗："生命如此伟大，数学算什么？我最强！我最能干！我最能吃苦！我能学好数学！坚持学下去，成功一定属于我。"我想，他真是用心良苦，以此激励我们好好学习。我听后坚定了学好数学的信心。

　　胡老师教书有许多突出的特点。比如他在课堂上推行"不举手提问"的方法。他说："推行不举手提问的好处是，不但能让怕举手的同学从中得到锻炼的机会，还能让一些在上课时偶尔开小差的同学怕突然被提问而洗耳恭听，进入'人人自危'的状态，促使全体同学积极思考问题。"——正是这一绝招，让我变得专心致志，不敢有半点大意。又如，胡老师还别出心裁地推行一百分上台介绍经验的活动。一次单元测试，我得了一百分，胡老师把我紧紧地抱在怀里，亲切地说："这次能考一百分，有什么经验？回去好好想想，下午在台上给同学们说说，好吗？"这时，我觉得仿佛一股暖流涌遍全身，一种享受成功的喜悦感油然而生。

　　胡老师虽然只给我们上了120多天课，但是我感到获益匪浅，而且打心眼里觉得他是一位教学有方、平易近人的好老师。

　　老师的表扬就是一种鼓励，老师从来都没有忽视学生自己的认知方式。他用一句句鼓励的话语，让学生们少走些弯路，让他们用自己的认知方式和行为逻辑去学习，激励自己奋发向前。

杨振宁不忘恩师

◇佚名

> 老师的爱如太阳一般温暖，春风一般和煦，清泉一般甘甜。
> ——佚名

1986年7月的一天，美籍华裔物理学家杨振宁博士获悉，他的指导老师吴大猷教授正在台北进行学术访问，他屈指一算，7月正好是吴教授八十大寿。他思绪翻滚，想到去年教授在北京住院，自己抽不出时间去看望，这次去参加台湾"中央研究院"院士会议，正好可以到台北去为教授祝寿。

坐在飞往台北的飞机上，杨振宁博士想起了48年前在昆明读书的往事……

1938年，即抗战爆发后的第二年，杨振宁以优异的成绩破格考取了昆明西南联大物理系。三年级时，吴大猷教授给他讲课，使他对理论物理的研究产生了浓厚的兴趣。第二年，他去吴教授家希望教授能指导他的毕业论文，吴教授欣然同意。吴教授的悉心指导，使杨振宁更加坚定了今后在理论物理研究领域里的主攻方向，甚至对他的一生产生很大的影响。后来，杨振宁去美国继续深造，在理

谨记铭心的教诲

论物理研究方面有了不少突破。1957年，他与李政道博士共同获得诺贝尔物理学奖金。此时，他想到了青年时代的导师，在给吴大猷教授的信中他写道："学生这次获得殊荣，是过去先生悉心引导的结果，今日是学生感谢先生最好的时机……"

飞机降落，杨振宁走下机舱，看到迎面一位白发苍苍的老人向他频频招手。"啊，吴老师，您身体还好吗？"杨振宁深情地紧紧握着吴教授的手。"振宁，想不到我会来台北与你相见吧！"吴教授又对他的学生说，"听说你要在台北组织一批朋友给我祝寿？"

"恩师八十大寿，是学生应该做的。"

"不，不，我已向朋友们宣布不举行任何形式的祝寿活动。"

师生俩走进机场餐厅休息时，一批新闻记者围上来进行采访。杨振宁一边回答记者的提问，一边忙着给吴教授端茶、递餐巾纸。他向记者们说："吴老师是我一生研究领域中最早的领路人，没有吴老师在大学里对我的指导，就不可能有我的今天。"

第二天，台湾一家报纸在报道中这样写道："杨振宁博士对他的恩师情谊之深，表现了中国传统的尊师重道的美德。"

小故事大道理

尊师重道是我们中华民族的传统美德，这个传统代代相承。就像那句"天下良师皆父母，满园桃李亦儿女"，师与生的关系就像父与子的关系，这是一种人文精神，前辈们已经为我们做出了很好的表率。

未报的师恩
◇朱应召

[老师在培育祖国的栋梁，更支撑起我们一代人的脊梁。
——佚名]

我是一个来自贫困家庭的子弟，为了供我和弟弟妹妹上学，父母操劳了大半生，却仍然无法负担日益繁重的生活开支。我不忍看他们如此辛苦，就打算辍学出外打工挣钱。当我流着泪把这个决定告诉自己白发苍苍的班主任老师阎欣时，他说什么也不答应，就亲自到我家说服我父母，并承诺说他可以资助我，唯一的条件是我的成绩必须保持在班级前三名。

以后的每一天我都苦学到深夜，有时阎老师会为我送来一点吃的，看我过意不去，他总要说："老师爱喝酒，这是我吃剩下的一点下酒菜，你不要觉得不好意思。"

然而此时，我却有了一种老师为我戒了酒的心理感应。那时我就发誓：一旦挣到了钱，第一件事就是要为他买几瓶家乡能买到的最好的酒。当阎老师得知我考上大学的消息后，还亲自到我家送去了一百块钱的"贺礼"，说是让我买一身好衣裳穿体面点去报到，

不能让大城市的人小瞧了咱穷乡村的孩子。当我提出要为他买几瓶酒喝时,他却大笑着摆手,说以后等你有了钱再买也不迟。

在外漂泊了几个年头,实在抑制不住想家的心情。下车刚到村口,就碰上了急匆匆出门的父亲,他一见我就说:"你可回来了。快,阎老师病了,你快跟我看看去!"来不及放下行李,我就跟着父亲来到镇上,父亲说:"阎老师爱喝酒,你就给他买两瓶酒去——也不知他还能不能喝!"我的心里更加难受,赶紧到商店里买酒,一问,最好的是一种叫作"赤水河"的酒,我一下买了四瓶,提着酒就跌跌撞撞地冲进了医院,这才知道阎老师因积劳成疾,患了癌症,此刻已危在旦夕。

当我提着酒,来到阎老师病床前的时候,他刚刚从昏迷中清醒过来,见到我,他露出了和往昔一样慈祥的笑容,只是笑容里多了一丝被病魔折磨的痛楚。我眼里含着泪,把手里的酒提起来给他看。见到酒,他眼里闪过一丝喜悦的光芒,说:"赤水河?好酒啊好酒!我一直都想着有一天能喝上这种酒解解馋,却一直没那个命,今天,你给我买来了,我算是没白盼一场!人家都说,好喝还是赤水河,我却一直没能尝一尝……"

但生活终究要留有遗憾。我不禁悲从心来：如果时光能够倒转，我情愿抛掉一切，从头再来，只要能够让您喝上我亲手为您斟的满满一杯"赤水河"！

小故事大道理

老师为我们付出的爱是不求回报的，这种爱的力量能够推倒绝望的断壁，能够点燃希望的明灯。当我们转过身来想回报他们的时候，也许会出现"生欲报而师不在"的境况，不要等到我们后悔的时候才想起感恩，时光是不会倒转的。

老师无法拒绝美

◇李树彬

> 江河把我们推向浩瀚的大海；曙光给我们带来明媚的早晨；老师，把我们引向壮丽的人生。
> ——佚名

熊老师是我的中学语文教师。由于他手脚特别大，又爱戴副大黑框眼镜，常使人想起憨厚的狗熊，于是背地里同学们都称他"熊哥"。

那时，同学们都喜欢恶作剧。上课时，常悄悄往老师背上甩墨水，同学们称之为"梅花铭"。有一次熊哥穿了件雪白的衬衫来上课。我暗地心喜，心想表现自己天才技艺的机会来了。整节课，我都在找机会，终于在他讲得得意之际，我把钢笔轻轻一晃。一排清晰的墨色"梅花"便在他雪白的衬衫上傲然开放。不知是同桌暗示，还是他背上长有眼睛，快下课的时候，他终于发现了"梅花"。我心里一乐，想：这下可好了，看戏的机会又到了。

我假装若无其事地注视着他，想看他如何大发雷霆，如何苦口婆心教训我们。

谁知他却脱下了衬衫，只穿件背心，指着"梅花"，笑着说：“同学们，看来我和你们的感情，还没有你们班主任的深。你们甩在我身上的墨水还没有你们班主任身上的多。看来，我还要努力……”"哄"，他的话还没说完，同学们就大笑起来。从那以后，再没有人从事"梅花铭"的工作了。

还有一次作文课，为了交差，我便抄了一篇交上去。没想到下次作文课，我的作文居然成为当众宣读的范文。我既受宠若惊又忐忑不安，心想要出事了。果然没读几句，我的"反对派"便站起来指责道："老师，李树彬的作文是抄的。"我的脸一下子便红到了脖子根。熊哥看了看窘迫中的我，又看了看趾高气扬的"告密者"。他顿了顿道："孩子们，这篇文章太美了，老师无法拒绝美，所以让我们一起用心欣赏。在此之前，我们要感谢李树彬同学，谢谢他给我们推荐了一篇这么美的文章。我也相信总有一天，李树彬同学也会写出同样美的文章来。我想他不会令我失望的。"说完，静悄悄的教室，又回荡起熊老师特有的那种抑扬顿挫的朗诵声。

我脸上的烧退了。"老师无法拒绝美"这句话一直在我脑海中萦绕。坐在座位上，我深受感动，觉得非要把书读好不可，否则对不起熊老师的宽容和赏识。同时也使我认识到作为一名教师人格的美和平凡中的伟大。

去年9月，我特地去拜访赋闲在家的熊

老师。一见面，他便笑着说："当年的捣蛋鬼，果然没令我失望，如今都快成作家了。"

小故事大道理

熊老师尊重学生的人格，他以一个平等的、朋友的身份来解读学生们的心理独白。熊老师运用他独特的幽默方式，帮他的学生化解了尴尬，同时收到了意想不到的效果。学生只有心悦诚服的崇拜，才会有心甘情愿的接受。

天使的翅膀

◇李阳波

> 恩师掬取天池水，洒向人间育新苗。
> ——佚名

从前，有一个小男孩非常自卑，因为他背上有两道明显的伤痕。这两道伤痕，从他的颈部一直延伸到腰部，上面布满了扭曲的肌肉。所以，这个小男孩非常讨厌自己，非常害怕换衣服，尤其是上体育课。当其他的同学很高兴地脱下又黏又不舒服的衣服，换上轻松的裤头背心的时候，小男孩只会一个人偷偷地躲在角落里，用背部紧贴住墙壁，用最快的速度换上衣服，生怕被别人发现他有什么可怕的缺陷。

可是，时间一长，他背上的伤疤还是被同学们发现了。"好可怕呀！""你是怪物！""你的背上好恐怖！"天真的同学们无心的话语最伤人。小男孩哭着跑出教室，从此再也不敢在教室里换衣服，再也不上体育课了。

这件事发生以后，小男孩的妈妈特地牵着他的手找到班主任。小男孩的班主任是一位很慈祥的女老师，她仔细地听着小男孩的妈

妈说起小男孩的故事：

"这孩子刚出生的时候就得了重病，当时本来要放弃的，可是又不忍心，这么可爱的小生命，我们怎么可以轻而易举地把他丢掉呢？"小男孩妈妈的眼睛不觉就红了，"所以，我跟丈夫决定把孩子救活，幸好当时有位医术很高明的大夫，愿意尝试用手术的方式来抢救这孩子的生命。经过好几次手术，好不容易把他的命保下来了，可是他的背部却留下了两道清晰的伤痕，也是他曾与生命抗争的证明。"

第二天上体育课的时候，小男孩怯生生地躲在角落里脱下了他的上衣。这时，所有的小朋友又露出了诧异和厌恶的声音："好恶心呀！""他的背上生了两只大虫。"小男孩的双眼禁不住湿润了，泪水不听话地流了下来。

就在这个时候，老师出其不意地出现了，几个同学马上跑到老师的身边，比画着小男孩的背。

老师慢慢地走向小男孩，然后露出诧异的表情。"老师以前听过一个故事，好想现在就讲给你们听啊！"同学们最爱听故事了，连忙围了过来。

老师指着小男孩背上的两条明显的伤痕，绘声绘色地说道："这是一个传说，每个小朋友都是天上的天使变成的，有的天使变成小孩时，很快就把他们的

翅膀脱下来了,有的小天使动作比较慢,来不及脱下他的翅膀!这个时候,那个天使变成的小孩子,就会在背上留下两道伤痕。"

"那这就是天使的翅膀啊!"同学们指着小男孩的背部纷纷发出惊叹。

"对呀!"老师的脸上露出神秘的微笑。

小男孩呆呆地站着,原本流泪的双眼也停止了流泪。

突然,一个小女孩天真地说:"老师,我们可不可以抚摸一下小天使的翅膀?"

"这要问问小天使肯不肯啊。"老师微笑着向小男孩眨了眨眼睛。

小男孩鼓起勇气,羞怯地说:"好!"

女孩轻轻地摸了摸他背上的疤痕,高兴地叫了起来:"啊,好棒!我摸到天使的翅膀了!"女孩这么一喊,所有的小朋友都拼命地跟着喊:"我也要摸摸小天使的翅膀!"

后来,小男孩渐渐长大,他深深地感谢这位让他重振信心的老师。高中时他还参加全市的游泳比赛,得了亚军。他勇敢地选择了游泳,是因为他相信,他背上的那两道疤痕,是被老师的爱心所祝福的"天使的翅膀"。

小故事大道理

自卑是一种消极的自我暗示,通常自卑的人都对自己的价值持否定的态度,所以自卑的孩子更需要别人的鼓励和尊重。就像这位老师,她用天使般的爱带给孩子们发现美的快乐,让他们知道每个人都要珍惜自己得到的快乐,同时还要用一颗宽容的心去对待别人。

第四辑
美丽的歧视

在那以后的时光里,我一直回味着大伟所遭遇的满含爱意却又非常残酷的歧视。我感到,那"歧视"蕴涵着一种催人奋进的力量。对大伟和那位在埃菲尔铁塔留影的学生而言,在他们的人生征途中,张老师的"歧视"肯定是最宝贵、最美丽的。

没有一种草不是花朵

◇李华锋

> 老师的谆谆教导，是爱的清泉，将在学生们心灵的河床里，永远流淌……
> ——佚名

那时我们还居住在深山里的乡下，我还是个十五六岁的孩子。春天，小草刚被融雪洗出它们嫩嫩的芽尖时，老师告诉我们，学校准备组织我们搭车到百里外的县城去参加作文竞赛。我们一听，又兴奋又担忧，兴奋的是我们能够坐上大汽车去县城里看看，担忧的是，我们这群山里的孩子，作文能赛过城里的学生吗？

头发花白的老校长看出了我们的忧虑，他说："你们常常上山下田，谁能说出一种不会开花的草？"

不会开花的草？蒲公英是会开花的，它的花朵金黄金黄的，秋天时结满了降落伞似的小绒球；狗尾草也是会开花的，它的尾巴似的绿穗穗就是它的花朵；就连那些麦田里的荠子草也是会开花的，它的花洁白洁白的，有米粒那么大，像早晨被太阳照亮的一颗颗晶莹的露珠。我们想来想去，把每一种草都想遍了，可是谁也没有想出有哪一种草是不会开花的。我们想了半天都摇摇头

说："老师，没有一种草是不开花的，所有的草都会开出自己的花朵。"

老校长笑了，说："是的，孩子们，每一种草都是一种花，栽在精美花盆里的花都是一种草，而生长在田地边和山野里的草也是一种花啊。不论生活在哪里，你们和其他人一样，都是一种草，也都是一种花。记住，没有一种草是不会开花的，再美的花朵也是一种草！"

几十年过去了，当我从深山里的乡下走进都市里的大学，当我从乡下青年成为城市缤纷社会的一员，当我面对一束束流光溢彩的鲜花和一次次雷鸣般的掌声时，我从不自卑，也没有浮躁过。我总会想起老校长的那句话——没有一种草是不会开花的，而每一种花朵也是一种草。

小故事大道理

每个人都有出色的一面，也都有展现自己精彩的那一天，我们都有机会赢得别人的掌声，赢得流光溢彩的花朵。只要你肯放下内心的自卑，消除心里的畏惧，抹平浮躁的情绪，你心灵的花朵就会开得更加娇艳。

有种水果叫香蕉

◇杨国华

> 刻在木板上的名字未必不朽，刻在石头上的名字也未必流芳百世；而老师这两个字刻在学生们的心灵上，这才真正永存。
> ——佚名

"香——蕉。"老史在课堂上读，学生们就跟着念，满屋子的"香蕉"声就这样划破了山村的晨雾。学校是沂蒙山深处的一个破庙，老史是学校里唯一的教师，学生只有14个，却分属四个年级。

"老师，什么是香蕉？"一个孩子从石板叠起的"课桌"后面站起来，他举了手问这个问题。他的脸蛋儿冻得通红，猴子屁股似的。他还穿着开裆的棉裤，屁股蛋儿被板凳冰得生疼。

"香蕉是一种水果，可以吃。"老史回答。

"像咱村的山楂一样吗？是圆的吗？有山楂大吗？"孩子继续发问。村里只有山楂能够吃。

"大概是吧！"老史挠了挠头，头发上马上沾了些许白白的粉笔屑。

"老师没吃过香蕉吗？"孩子不依不饶地问，另外13个孩子也瞪大眼睛看着老史。

"没……我也没吃过。"老史不光没吃过香蕉,也没见过香蕉。"连老师都没吃过。"孩子长叹一口气,很失望地坐到板凳上。

老史回到家中,问自己媳妇家里还有多少钱。媳妇刚卖了鸡蛋,有10块钱,准备到集上打油吃。"拿来给我,吃过饭,我进一趟城。"

媳妇撅着嘴从裤腰里掏出了手绢儿,一层层打开,把一卷儿毛票儿不情愿地递给老史。

到城里有60里路。老史步行到镇上坐汽车,要两块钱,老史很心疼:媳妇得攒多少鸡蛋呢?但还是坐了。

到了城里,一下车,老史在车站上打听,有卖香蕉的吗?正好旁边有卖水果的小贩,一听便乐了,真是土老帽,连摊子上黄灿灿的香蕉都不认识!他忙把老史叫过来,问老史买不。老史这才认得啥玩意儿叫香蕉:黄黄的,月牙般的,十几个像孩子一样挤着,真像学校里自己教的14个娃儿。老史想着想着便笑了。老史问多少钱一斤,小贩要一块五,少一分不卖。

老史讲了半天价,也讲不下来。只好称了四斤。

老史看天还早,掏出怀里的玉米饼子,向小贩讨了一碗开水,蹲在车站里吃了。老史兜里还剩两块钱,他舍不得花了,心想又不是不识路,干吗还要瞎花钱坐车?走着回去吧!省两块钱给媳妇买

黑板上的字迹

个头巾，便走着回家了。

冬天天黑得早，走到四十里路的时候，天就渐渐黑了。还有十多里山路呢，老史很着急，不觉紧跑起来。等村里人掌灯吃饭的时候，老史才瞧见村里的灯火。山路曲曲折折，天又黑，老史一脚踩空，跌了一跤，头正磕在石头上，眼前一黑，就什么都不知道了。

老史醒来的时候，觉得头疼，睁开眼一看，媳妇正在油灯下哭，见他醒了，忙给他盖了盖被子。"香蕉呢？"老史忙问。"在这儿呢！你连命都不要啦？"媳妇心疼他。见香蕉好好的，老史就放心了，忙从怀里掏出头巾给媳妇。媳妇破涕为笑，把头巾蒙在头上对着镜子照，不一会儿又哭了……

第二天早上，老史还没起，一睁开眼，吓了一跳，14个学生都站在床前，手里提着鸡蛋、红糖之类的东西。那个孩子哭着揉眼："都怪我，老师。"老史把孩子叫到身边，用手帮他把眼泪擦干，然后，从床头上把香蕉拿出来，一支一支地掰给学生，自己也拿了一支，笑着对孩子说："老师不知道怎么教好学生，今天你们都知道什么是香蕉了吧！来，一人一支，咱们一块儿来吃。"

小故事大道理

老师的爱是细腻的，他可以提着香蕉行走在崎岖的山路上，他在路上留下的脚印，是爱的痕迹。老师不想用他的"不了解"来敷衍学生年幼的"不知"，老师用他的关怀托起了民族未来的希望，有孩子、有知识，就有希望……

一生都不能忘记的老师 ◇佚名

> 教师生涯，有无数骄傲和幸福的回忆，但老师把它们珍藏在心底，只是注视着等待开拓的园地。
> ——佚名

从小学到大学遇到过好多老师，大部分都记不清了，只是经过仔细回忆，才可以慢慢地想起来。但有个别的几个，一生都难以忘怀，不是因为他们过于严厉或者温柔心善，而是因为他们启发了我的思维。

最早的一位可能是在四年级，在炎热的夏季，我们去捡地里的麦穗。老师和我们一起，同时还给我们讲故事。故事的内容现在已记不清楚了，但是他讲的是关于天文学方面的知识。当时天上并没有星星，我们抬头仰望天空时，她说：深水井里白天可以望见星星。我好像问了她其中的原因，她又给我讲了物理方面的知识。一个四年级的学生，听到老师讲这样深奥的知识，感到非常惊讶。第一次感受到在生命之外，还有这么多奇妙的东西！我带着这种激情，整整有好几年的时间处在如饥似渴的读书之中。有时中午大家休息了，我悄悄地溜到校门外坐在田野旁的树下做数学题，有时写感想，勾画美好的未来，也许当时我的同学听了这样的故事也会产生类似的激情，但他们的激情一定比不上我的那样磅礴有气势。这是一种心灵的力量，像不灭的火焰山点燃了生命的发动机，催我奋进。由此我的成绩直线上升，连续考上初中、高中、大学。说真话，直到现在为止，我还没有到那口井沿上看看白天的井里有没有星星。可是在阳光灿烂的夏日里，老师讲故事连同她说的这颗星星一直在我的心里，一直催我在人生道路上孜孜不倦地追求。

现在我已工作多年了，但是在我心中仍有她年轻时的形象，充满生命的活力和智慧，她那时讲的故事，我总以为胜过我听过的所有的课，是她在我智慧的荒原里点起了一把火，使我的智慧第一次产生了光亮。

小故事大道理

老师就像一盏灯，他们时时刻刻都在引领着我们走进一个新的视野。成长所囤积的记忆有多少都是和老师息息相关的，他们在我们智慧的荒原里点燃了一把火，让我们在今后的人生道路上就用这星星之火点燃可以燎原的希望。

同学，请大声点

◇析儿

> 老师用人类最崇高的感情——爱，播种理想，播种力量……
> ——佚名

8岁之前，我是全校公认的开心果，天真灵动的大眼睛在课堂上下四处流动，清脆明亮的笑声被誉为"校广播站"的提示音乐。童年的快乐，无所顾忌。

8岁时，发生了一件事，改写了我的一生。

其实那不过是一次小小的意外，新班主任偶然想起让我重权在握的老爸给她一个八竿子打不着的远方亲戚调工作，一头雾水的老爸随口说道："那过来面试吧。"话筒中传来一声不屑的闷哼，而后整个话筒被重重地摔落，似乎预示着我厄运的开始。

忙于工作的老爸很快忘记了这不愉快的一幕，而年轻气盛的班主任却念念不忘这番冷遇。

到现在，我从来不曾试图去回想怒容满面的年轻女教师对我做了一些什么，怒斥，还是体罚？既没有结果，也毫无意义，因为最直接的后果就摆在那儿——那天之后，一向活泼好动的我忽然缄口

黑板上的字迹

不言、噤若寒蝉，甚至连亲戚朋友的问话，我都拒不作答……一周之后，医生对着哭成泪人的老妈长叹一声，说你的女儿生理功能完全正常，之所以失声，是受到心理创伤之后的自闭。

一个月之后，面对百般诱导的老妈，我说出了第一个字，在那个轻得不能再轻的象声词里，老妈再次泪如雨下。

但我曾经的天真烂漫不再，曾经的清脆童音不再，我几乎只会嗫嚅着说话。含糊不清得让所有任课老师都懒得提问我。

一年之后，新换的班主任看到我，立刻家访，第一句话是，这孩子是不是被继父或后母所虐待？

朋友们不再愿意和一个声若蚊蝇的伙伴玩耍，甚至卖冰棍的大妈也颇为费力才能弄清我需要什么，很多年后我回忆起那段岁月，用这句话来形容自己的感觉："许多人围成一个圈子在游戏，而我则站得很远很远，永不可能与大家融合，温暖的阳光下，我的心灵，寒冷如冰。"

性格上的巨变让我的成绩急转直下，成为一名沉默害羞的"差生"，尽管所有曾夸我冰雪聪明的老师，都愿为我义务补课，却迟迟不见好转。

六年级的时候，来了一位号称"铁腕"的班主任，第一节语文课上，要宣布课代表的时候，所有的人都翘首以待，只有我把头埋低了，如坐针毡，忍受着被老师点名的危险，那真是种煎熬——尽管我自信绝不会被最重视口才的语文老师选中。

在班主任洪亮的笑声里，全班哗然，"我选中的是一个老实人，老实到连话都说不完整、说不清楚。"我呆住了，不知道他为什么要和安分守己的我作对，让我承担起巨大的麻烦。更加恐怖的还在后面，班主任让出了讲台，要我作一个简短的就职演说。

我鼓足勇气站起身，喃喃自语："老师，我的语文成绩不够好。"

老师眯起了眼睛问："你说什么？同学，请大声点！"

我咬了咬牙，把自己的话重复了一遍。

老师皱起了眉再问："同学，你的声音——能不能大一点、再大一点？"

所有人的视线火辣辣地集中在我身上，失落的记忆忽然在此刻复苏，热泪夺眶而出，我似乎又回到了几年之前被当众训斥羞辱的场景。一股热流冲顶而出，我不顾一切地大声喊道："老师，我说我的语文成绩不够好！"

小故事大道理

自信是一抹阳光，它可以照到人内心深处的阴霾。是老师用鼓励让我们把自信带到心灵深处的每个黑暗的角落。老师的循循善诱，就是让我们用自信来抚平敏感脆弱的心。在你心灵的某个脆弱的瞬间请你大声地对自己说：我能行！

我与恩师的故事

◇陈玲

> 老师，您给了我们一杆生活的尺，让我们自己天天去丈量；您给了我们一面模范行为的镜子，让我们处处有学习的榜样。
> ——佚名

岁月总是无情地筛落我们的许多记忆，却也总有些璀璨的"珍珠"洒落在记忆的长河中，熠熠闪光，叫人难以忘怀。这次我要拣起的是绵绵长河中最大最亮的几颗——讲讲我与我的小学班主任吴老师的故事。

说来，我与吴老师也真是有缘分。一到六年级吴老师一直是我的班主任兼语文老师。6年的小学生涯，就在她的谆谆教诲下快乐而充实地度过。依稀记得开学的第一天，母亲领着我走进教室，把我亲手交到了吴老师的手中。那日的一缕阳光透过窗户投射在老师的身上。柔柔的金光，柔柔的眼神，还有柔柔的话语，让我觉得好温暖。不久，我就当上了班长，不仅成为她的得力助手，而且似乎特别受关爱。别的同学的作业本上最多只有两颗星，而我的本子上常常有四颗星、五颗星；因为我从小体弱多病，大扫除老师从来都派最轻的活儿让我干，有时她还要亲自帮着我完成。老师还常在同学、其他老师面前夸我勤奋、灵巧，让我小小的心灵充满了自信。而我用最好的成绩、良好的品质来回报她的付出、她的爱。

可是，五年级那一年我病了。整整一个月我都在病床上度过。一个多月后，在我的再三恳求下，我回到了课堂。尽管那时我的头部到腰部都打着石膏。看到我的一瞬间，吴老师的不舍和关切写满整张脸。老师为我准备了靠窗第一桌的位子，还再三叮嘱班上的同学要小心再小心。但是，因为一个多月的缺课，我的成绩已经不再名列前茅，再加上病痛的折磨，我几乎对自己失去了信心。那时候吴老师的儿子也刚刚读小学，她毅然丢下了儿子，成了我每天放学后的义务家教。为了不使我听课太累，她总是每讲10分钟就让我休息一会儿。于是，40分钟的课整整讲了两个小时。终于，我的语文又考了全班第一名，看着我的脸上自信满满，老师笑得很满足。也就是从那一刻起，我心中埋下了一颗种子——"长大后我要成为你"。

1994年，我顺利考入了宁波师范，选择了太阳底下最光辉的职业。3年后带着我的青春和活力走上了神圣的三尺讲台，像我的班主任吴老师那样，做了一名普通的人民教师。我和吴老师真的很有缘，我分配的学校居然就是我的母校。昔日的师徒，如今成了同事。可是吴老师的鼓励依旧，关怀依旧。看着幼苗如今已长成，那种发自内心的欣慰全洋溢在她那略显苍老的脸上。现在，我从教已近10年了，回想起小学时代的点点滴滴，我除了感动，更多的是感激：也许没有老师昨日的辛勤浇灌，就不会有今日的我！

感谢恩师的话语我不想多说，因为我如今也是一个老师，总能看到或者听到我的学生把老师比作春蚕，比作蜡烛，比作园丁。可

是这并不是所有老师要的赞美,老师也是平凡人中的普通一员,孩子的幸福是他们最大的快乐和满足。我只想大声地说:"吴老师,我的恩师,能做您的学生,一辈子做您的学生,能与您共事,我真的很幸福!"

洒落的"珍珠"我已一粒粒拾起,用感恩的心、无尽的情串成一串珍珠链,永远地珍藏在我的心灵深处。

小故事大道理

尊师是一种社会礼仪,尊师重道是我国的优良传统。老师用耐心和关心给学生们爱的温暖,在他的谆谆教诲下过着快乐而充实的生活,这正是一位老师的伟大之处,所以很多人都把和老师在一起的时光珍藏在心灵深处。

穿红裙子的语文老师 ◇康智元

> 老师,您多像那默默无闻的树根,使小树苗壮成长,又使树枝上挂满丰硕的果实,却并不要求任何报酬。
>
> ——佚名

又是一个夏季。

火热的田野,火热的山林。她穿着一条红裙子,带着几名学生,说说笑笑走出校门,融入校园外树丛的绿色中了。这是一所"老龄"的村级小学,已经65年了。青砖碧瓦的校园是从前地主的院落,四棵百年老树被附近的百姓誉为"宝树"。任课老师大都50多岁了。学校生活在"老"的色彩中变得默默无语。

那年我刚上学,20岁的她走进了校园。她留着一头乌黑的长发,还穿了件美丽的红裙子。学校安排她给我们上语文课,任班主任。她语文课上得与众不同:有时把学生带到村子中间的清水河里,找小鱼咬脚趾的感觉;有时把学生领到郁郁葱葱的牛头山上看哪个像牛,哪个像牛角;有时把自己打扮成课文中的大灰狼、丑小鸭,在讲台上模仿课文内容大喊大叫,有哭有笑……老教师们疑惑不解:我们教了这么长时间的书,没见过这样上课的!课堂上,学生跟着她进入了情境。一会儿是没捞到月亮的"小猴子"迷惘地站在那儿，一会儿又是"卖火柴的小女孩"可怜巴巴地向大家诉说着什么……她那漂亮的红裙子飘在课外活动的场地上，飘在学校的小戏台上，把学生引向课本以外的精彩的世界。不久，班队会、活动课在这所偏僻小学的各班如火如荼地开展起来了。二胡、口琴、笛子、小碗、小盆等"乐器"的

"交响曲"在校园小戏台上演出了，惹得近处几个"玩船边"的村民止不住心里痒痒而登台献艺。小学生们还把课本剧演到了家里，课本里的故事家长们也熟悉起来。学校生活变得丰富多彩起来，它驱散了丛林深处的沉寂，赶走了村民们的无聊和疲惫。放学回家的学生吃了饭就吵着要上学，学校充满了令家长费解的诱惑。再也没有搜肠刮肚找借口的"逃学生"了，更没了被爸妈拿棍子赶着上学的孩子了。村民们在议论：学校变了。原来辍学的9个学生又自觉地背着书包来上课了，主动来学校找老师谈孩子情况的村民多起来了……

有一次，她到县城参加一个教学研讨会，一去就是五天。这可苦了我们这些山里娃。我们一天三次站到校门口的牛头山上，等啊，盼啊，想突然看到那红裙子又飘回来。等到第三天，五年级的一个女生不知从哪里得到消息，眼泪汪汪地告诉大家：红裙子老师又调回城里的学校去了！

等到太阳落山，带着一种无名的惆怅，一种失落感，我们几个不甘心的小学生背着书包，拖着沉沉的脚步告别了夕阳的最后一抹余晖，依依不舍地向家里走去。眺望着远远的县城，心里想：城里太不像话了！

第六天，她却像梦一样从城里回来了。她对围过来的学生微笑着，好像在说："我哪里也不去……"

我们激动地把她围起来，流着泪笑了。

小故事大道理

一位穿红裙子的年轻女老师，她把她所爱的精彩的世界展现给她的学生，这种教与学是有交流和呼应的，老师爱她的学生，而同样她也得到了学生的爱戴与信任。爱是一种信任，一种尊重，一种鞭策，一种责任。

老师的爱是无私的
◇佚名

> 鹤发银丝映日月，丹心热血沃新花。
> ——佚名

从小到大，多少老师曾给过我多少的爱！老师的爱是无私的，是慈爱的，也是严厉的，更是令我难忘的。

那是一个星期二早上的自读课，闲着没事干，我便把从好友江小辰那里拿来的新奇玩意儿——命运签拿出来玩。哈，准能引起大家的兴趣！我举起命运签，对身旁的小滢说："来来来，闭上眼睛抽一下！"小滢好奇地伸出手，闭上眼睛，抽出了六根签。"嘻嘻，你的一生坎坷啊！"我翻开小本子，对了一下签条，煞有介事地说。周围的同学看了，也都围了过来，和我一起玩了起来。

"丁零零——"早会铃声响了，老师带着微笑，快步走进了教室："值日班长，汇报一下今天早读的情况。"值日班长站了起来，毫不留情地把我的"壮举"抖给了老师，尽管我一直狠狠地朝他瞪眼。老师听了，脸上的微笑不见了，微微皱了皱眉头。显然，老师对我的表现很不满意。她疑惑地望了我一眼，那眼神就像在

说:你也会这样做?"下课后到办公室找我!"老师轻轻地说了一声,便上早会了。我,到办公室?我的心直往下沉,要知道,我一个中队长可从来没被老师"请"进过办公室!这下完了!老师重申的纪律我一个字儿都没听进去。

下课了,我怀着忐忑不安的心情走进了办公室。老师会说什么呢?她会批评我吗?站在老师跟前,我才觉得犯错误的滋味是那么不好受。"你觉得这样做对吗?"老师开门见山地问。我大气都不敢出,直愣愣地盯着办公桌。老师看我这副样子,语重心长地说:"你呀,身为中队长,是我们班,也是全校同学的领头人,应该懂得'以身作则'这四个字的意义吧!"我一下子不自在起来,心猛地一沉,随即又"扑扑"跳得令人难受。老师停了一下,又继续说:"有多少双眼睛在看着你啊!要知道作为学生干部,只当手电筒、鸡毛掸,专管别人是不行的,还要以身作则,严格要求自己,这样才能名副其实!"老师的话音不高,可分量很重很重,那一字字、一句句就像一把小锤子敲击着我的心。顿时,我的心中不由泛起一阵惭愧,抬头望一眼老师,老师的眼神里严厉中饱含着期望。老师,您总是关心、爱护着我,而我却……我再一次低下了头,恨不得找个地缝钻进去。不知什么时候,那不争气的眼泪也来凑热闹,跑出眼眶,爬上面颊。

"以后可别再这样了！"老师又笑了，慈爱地望着我。我憋足了劲儿，重重地点了点头……

事情已经过去很久了，可它却使我永远难忘。

老师啊，您的爱像一股暖流，永远温暖着我的心；您的爱像一把火炬，照亮了我的前程；您的爱像一盏导航灯，指引我向前。您严格要求、循循善诱。"严格要求亦是爱！"老师的爱——永铭我心！

小故事大道理

有这样一句话"一日为师，终身为父"，老师无私的爱就像父母一样是不求回报的。除去传道、授业、解惑，老师还教会了我们不曾从课本中学到的做人的道理。他们教给学生人生路上的生存之道和生存之术。让我们铭记老师的爱吧！

美丽的歧视
◇佚名

> 老师用他那赤诚的爱，唤醒了多少迷惘，哺育了多少自信，点燃了多少青春，催发了多少征帆。
> ——佚名

高考落榜，对于一个正值青春花季的年轻人，无疑是一个打击。8年前，我的同学大伟就正处于这种境地。而我则考上了京城的一所大学。

等我进入大学三年级时，有一日大伟忽然在校园里找到了我，原来，他也是北京某名牌大学的一员了。

"祝贺你！"我说。

"是该祝贺。你知道吗？两年前我一直认为自己完了，没什么出息了，可父母对我抱有很大希望，我被迫去复读——你知道'被迫'是一种什么滋味吗？在复读班，我的成绩是倒数第五……"

"可你现在……"我迷惑了。"你接着听我说。有一次那个教英语的张老师让我在课堂上背单词。那会儿我正在读一本武侠小说。张老师很生气地说：'大伟，你真是没出息，你不仅糟蹋爹娘的钱，还浪费自己的青春。如果你能考上大学，全世界就没有文盲了。'我当时仿佛要炸开了，我猛地跳离座位，跨到讲台上指着老师说：'你不要瞧不起人，我此生必定要上大学。'说着我把那本武侠小说撕得粉碎。你知道，第一次高考我的分数差了100多分，可第二年我差了17分，今年高考，我竟超了80多分……我真想找到老师，告诉他：我不是孬种……"

3年后，我回到高中的母校，班主任告诉我，教英语的张老师得了骨癌。我去看他，他兴致很高，期间，我忍不住提起了大伟的事……

张老师突然老泪横流。过了一会儿，他让老伴取来了一张旧照片，照片上，一位学生正在巴黎的埃菲尔铁塔下微笑。

张老师说："18年前，他是我教的那个班里最聪明也是最不用功的学生。有一次，我在课堂上讲：'像你这样的学生，如果考上大学，我头朝地向下转三圈……'"

"后来呢？"我问。

"后来同大伟一样，"张老师言语哽咽着说，"对有的学生，一般的鼓励是没有用的。关键是要用锋利的刀子去做他们心灵的手术——你相信吗？很多时候，别人的歧视能使我们激发出心底最坚强的力量。"

两个月后，张老师离开了人世。

又过了4年，我出差至京，意外地在大街上遇到大伟，读博士的他正携了女友悠闲地购物。我给大伟讲了张老师的那席话……

在熙熙攘攘的人群中，大伟突

然泪流满面。

在那以后的时光里，我一直回味着大伟所遭遇的满含爱意却又非常残酷的歧视。我感到，那"歧视"蕴涵着一种催人奋进的力量。对大伟和那位在埃菲尔铁塔留影的学生而言，在他们的人生征途中，张老师的"歧视"肯定是最宝贵、最美丽的。

小故事大道理

"歧视"有时候也是美丽的，善意的歧视就是一个助推器，它可以把你推向成功的边缘。可是歧视并非对所有人都有用，张老师用"因材施教"的方法，使他的学生信心倍增，最后终于闯出了自己的一片天地。此时的他是荣耀的，而老师却退到了荣耀的背后，他宁愿做一个幕后的将军指挥沙场，也不会站在舞台上邀功请赏。这就是一位普通老师的伟大的奉献！

纸篓里的老鼠

◇佚名

[一位好老师，胜过万卷书。
——佚名]

史蒂夫·莫里斯出生在美国密歇根州的萨吉诺城，幼年随父母搬到底特律。他和班上的同学相比很"特殊"，因为他双目失明。对于一个9岁的孩子来说，"特殊"意味着被嘲笑、被冷落。小史蒂夫一度生活在重重自卑中，直到他遇见了本尼迪斯太太。

在史蒂夫的记忆中，小学老师本尼迪斯太太是颗永不消逝的启明星。她让史蒂夫发现了自己的天赋，教他勇于做个与众不同的人。本尼迪斯太太无疑是个睿智的人，她意识到光靠说教没法让9岁的顽童理解深奥的人生哲理。于是，她请来了一个"助手"。在"助手"的帮助下，女教师给史蒂夫上了一节难忘的人生课，他生命的乐章从此奏响。

故事发生在一间狭小的教室里。本尼迪斯太太正准备上课："安静，大家坐好，打开你们的历史书……"小学生们不安分地在凳子上扭动着，多数人心不在焉，只有小史蒂夫默默无语。上堂课

谨记铭心的教诲

是体育课，孩子们刚从操场上回来，多数人还惦记着玩过的游戏，当然还有史蒂夫的洋相。

"今天天气真棒，我知道你们更愿意在外面玩游戏，"女教师脸上露出微笑，"可是如果不学习，你们就只能一辈子做游戏。"

"安妮，"老师提问，"亚伯拉罕·林肯是什么人？"

安妮局促地低下头回答道："他……他有大胡子。"教室里爆发出一阵笑声。

"史蒂夫，你来回答这个问题。"本尼迪斯太太说。

"林肯先生是美国第十六任总统。"史蒂夫的回答清晰准确，毫不犹豫。他一向是个优等生，但学习好无法减轻史蒂夫的自卑感。除非意识到自己具有得天独厚的才能，否则史蒂夫将永远生活在自怨自艾中。

"回答正确。"本尼迪斯太太满意地说，"亚伯拉罕·林肯是我国第十六任总统，南北战争就发生在那个时候……"话讲了一半，她突然停下来，做出倾听的样子，好像听见什么异常的动静，"是谁在发怪声？"

小学生们莫名其妙地东张西望，只有史蒂夫没动。

"我听见一个微弱的声音，是抓挠的声音，"本尼迪斯太太神秘地低语，"听起来像……像是只老鼠！"教室里顿时乱作一团，女同学尖叫起来，胆小的孩子爬上了课桌。

"镇静，大家镇静，"老师大声说，"谁能帮我找到它？可怜的小老鼠一定吓坏了。"孩子们乱嚷一气："讲台下面。""窗帘后面。""安妮的书桌里。"……

"史蒂夫，你能帮我吗？"老师向静静坐在座位上的史蒂夫求助。

"好的。"小家伙回答，他挺了挺腰板，脸上闪着自信的光芒。"请大家保持安静！史蒂夫在工作。"本尼迪斯太太示意大家肃静，小教室里很快鸦雀无声。史蒂夫歪着头，屏息凝神，手慢慢指向墙角的废纸篓："它在那儿，我能听到。"

一点儿没错，本尼迪斯太太果然在纸篓里找到了那只小老鼠，它正躲在废纸底下，瑟瑟发抖，结果被听觉异常敏锐的史蒂夫发现了。历史课重新开始，一切恢复原状。但史蒂夫变了，一粒自信的种子开始在这个黑人盲童的心里生根发芽，渐渐驱散了他的自卑感。每当情绪低落时，他便想起纸篓里的那只小老鼠。直到多年以后，他才知道小老鼠不是意外掉进纸篓的，而是本尼迪斯太太特地请来的"助手"。

今天，我们更熟悉史蒂夫的艺名——斯蒂维·旺德尔，他的与众不同带给我们无尽的享受。旺德尔集歌手、作曲家和演奏家于一身，摘取过22项格莱美大奖，有七张专辑打入美国流行乐金榜，获得美国音乐世纪成就奖，入选"摇滚名人殿堂"……这些都是因为曾经有只小老鼠"意外"地掉进了纸篓。

小故事大道理

一个因为先天缺陷而自卑的孩子，他是多么需要别人的爱和关注。本尼迪斯老师用心挖掘孩子的特殊天赋，更好地增强了孩子的自信心。自卑不可怕，关键是一定要从隐晦的思想里走出来，没有什么可以把你打败。

永远铭记的一课

◇佚名

> 教师如春风，日日沐我心。
> ——佚名

那天的暴风雪真大，外面像是有无数发疯的怪兽在呼啸厮打。雪恶狠狠地寻找着袭击的对象，风呜咽着四处搜索，从屋顶看不见缝隙的墙壁外，鼠叫似的"吱吱"而入。

大家都在喊冷，读书的心思似乎已被冻住了。一屋的跺脚声。

鼻头红红的欧阳老师挤进教室时，等待了许久的风席卷而入，墙壁上的《学生守则》一鼓一顿，开玩笑似的卷向空中，又一个跟头栽了下来。

往日很温和的欧阳老师一反常态：满脸的严肃、庄重甚至冷酷，一如室外的天气。

乱哄哄的教室静了下来，我们惊讶地望着欧阳老师。

"请同学们穿上胶鞋，我们到操场上去。"

几十双眼睛在问。

"因为我们要在操场上立正五分钟。"

即使欧阳老师下了"不上这堂课，永远别上我的课"的恐吓之词，还是有几个娇滴滴的女生和几个很任性的男生没有出教室。

操场在学校的东北角，北边是空旷的菜园，再北边是一口大塘。

那天，操场、菜园和水塘被雪连成了一片。

矮了许多的篮球架被雪团打得"啪啪"作响，卷地而起的雪粒呛得人睁不开眼、张不开口。脸上像有无数把细窄的刀在划，厚实的衣服像铁块冰块，脚像是踩在带冰碴儿的水里。

我们挤在教室的屋檐下，不肯迈向操场半步。

欧阳老师没有说什么，面对我们站定，脱下羽绒衣，线衣脱到一半，风雪帮他完成了另一半。"到操场上去，站好。"欧阳老师脸色苍白，一字一顿地对我们说。

谁也没有吭声，我们老老实实地到操场排好了三列纵队。

瘦削的欧阳老师只穿一件白衬褂，衬褂紧裹着的他更显单薄。

我们规规矩矩地立着。

五分钟过去了，欧阳老师吃力地说："解散。"

就在我还未能透彻地理解欧阳老师这一课时，仅有"中师"文凭的他，考取了北京一所师范大学的研究生。

以后的岁月里，我时时想起那一课，想起欧阳老师课后的一番话："在教室时，我们都以为自己敌不过那场风雪，事实上，叫你们站半个小时,你们也顶得住;叫你们只穿一件衬衫,你们也顶得住。面对困难,许多人戴了放大镜,但和困难拼搏一番,你会觉得,困难不过如此……"

我很庆幸,那天我没缩在教室里,在那个风雪交加的时候,在那个空旷的操场上,我上了永远的一课。

小故事大道理

苏轼说:"古之立大事者,不惟有超世之才,亦必有坚忍不拔之志。"同学们难忘的这一课,无非就是老师对学生坚韧程度的考验。一个人无论是学习还是工作,都要有一种精神,一种可以屹立不倒的气势,这样才会有所成。

艾拉的三位老师

◇邓笛

> 从幼稚走向成熟，从愚昧走向文明的路上，老师用生命的火炬，为他的学生们开道。
>
> ——佚名

艾拉是美国的一位著名女作家。在她的一生中，有三位老师令她念念不忘。

第一位老师是梅尼斯小姐。1952年，艾拉在得克萨斯州东部的一个乡村里上小学三年级，所有课程由女教师梅尼斯讲授。梅尼斯总是凶巴巴的，肩上搭着一根皮带，如果谁做错了题目或念错了字，她就会用皮带抽谁的屁股和手心。艾拉是一个左撇子，但是梅尼斯小姐强迫她用右手写字。可怜的艾拉每天都战战兢兢，因为她用右手写不好字就会遭到梅尼斯的鞭打，而如果偷偷用左手写字被发现了也会遭到鞭打。

有一天考试，艾拉的题目都答对了，

但是由于字写得不清楚，梅尼斯小姐就在她的试卷上打了一个占据了整整一页试卷的叉。艾拉拿到批改后的试卷时，将试卷揉成一团，扔进垃圾桶。梅尼斯大怒，喝令艾拉伸出手，然后用皮带在上面猛抽，艾拉疼得在全班同学面前哇哇大哭。

晚上回到家，艾拉不敢把这件事告诉父亲。艾拉的父亲是一个希望孩子在学校表现好并绝对服从老师的人，他相信老师说的一切都是正确的。所以艾拉知道，把这件事告诉父亲，是没有任何意义的。而艾拉的母亲两年前病逝了，艾拉因此只能把这件事情埋在心里。

艾拉升入四年级，老师是金德妮小姐，有一天课间她把艾拉叫到面前。艾拉心中非常害怕，担心老师会因为她的字写得不好而惩罚她，会因为她申辩而鞭打她。

金德妮小姐搬了一张椅子，让艾拉和她面对面坐着，然后要她用右手写几个字，再用左手写几个字。写完字，艾拉抬起头，看到金德妮小姐面带微笑，心中这才松了一口气。金德妮小姐布置了写字练习让她带回家去做，同时还写了一张纸条封在一个信封里，要她交给家长看。艾拉的父亲拆开信封看了纸条后，脸上露出愧疚之色。他按照金德妮小姐的要求，在艾拉做写字练习的时候，坐在女儿旁边，允许她用左手写字，有时还会辅导她，在她写得好的时候给予表扬。艾拉感到很自豪，她可以自由地用左手写字了。

从此，写字对艾拉来说不再是一件痛苦的事情，她的学习成绩也有了显著提高。上六年级的时候，她和爷爷奶奶住在一起。爷爷没有什么文化，但是却成了她这辈子难以忘记的第三位老师。

爷爷常让艾拉帮忙写信给他的朋友们，这让艾拉感觉很好。后来，爷爷的信不但有给老朋友的，还有给从前的老邻居的，而这些老邻居和他一样也是斗大的字识不了几个的人。爷爷虽然没有文化，但是他知道怎么能够让艾拉有自豪感，对读书识字感兴趣。

艾拉上中学的时候，老师总喜欢叫她到黑板前写板书，同学们吃惊地看到她左手握着粉笔在黑板上舞动，自如而灵巧。中学毕业后，艾拉上了大学，获得了奖学金，在校期间取得了三个学位。

小故事大道理

三位老师用了三种不同的方式来教育艾拉，可见不同的教育方式会对学生产生不同的教育效果，也会对孩子的身心造成不同的影响。老师们应该顺应孩子天性的自然发展，用鼓励和信任挖掘他们身上的优点，这样孩子们才会自然健康地发展。

第五辑
让自己看见生命中的蓝天

谁也无法知道明天将会怎样,谁也没有权力去预言别人的明天,如果觉得生活对你不公平,不妨试着换一种心态生活,你或许会发现,摘下眼镜,蓝天始终还是蓝天……

改试卷，人生的试卷

◇阮永兴

> 老师的足迹遍布四方，因为他的学生行走天下；老师的青春百年不衰，因为他的精神代代流传。
>
> ——佚名

读初中时，我的学习成绩在班里是名列前茅的，也深得教数学的张老师的信任，张老师总是让我帮他做一些我力所能及的工作。

一次数学测验后，张老师由于忙于校务工作，在放学后把我叫到他的办公室，让我帮他批改一下试卷。其实，这批改试卷也很简单，张老师给了我一份正确答案，而且这次测试大都是选择题和填空题，我只要按照正确答案进行批改，然后把分数加在一起就行了。

或许是这次试卷比较简单，抑或是同学们发挥得都比较好，几份试卷批阅下来，高分竟有不少。在批改到自己的试卷时，我并没有像批改其他试卷一样立即打上对错的符号，而是先认真地看了一下自己的试卷。但这一看也让我大吃一惊，我的试卷中竟有许多错误的地方，按照这种分数，再对照已批改的试卷，这次数学测试的成绩我只能排在中游。

我的心情很是沮丧,害怕自己的成绩差会受到父母的责骂,也担心因为这次测试不理想会被老师另眼看待。就在那一刻,我有了偷偷修改一下自己试卷上答案的想法,因为此时在办公室里只有我一个人,没有人会注意到我的做法,那样我就可以继续在老师的面前做我的好学生,在父母面前当我的好孩子。我只觉得手心里全是汗,头脑也变得不听使唤。可那天我终究没改动自己的试卷,因为恰巧在那时张老师进来说今天太晚了,让我明天继续再帮他批改试卷。

回到家后,想修改试卷的念头一直萦绕在我的心头。我忐忑不安地问母亲:"张老师今天让我帮他批改试卷了,我觉得自己这次数学测试考得很不好,你会批评我吗?"母亲却是一笑,只是说:"这只是一次普通的考试,没有什么值得紧张的。"

虽然母亲并没有问我事情的原委,但我却从母亲的话中听出了弦外之音。第二天在批改试卷时,我只是按照自己的卷面作了如实的批改。而那次考试,我的成绩只是在班级中游,也是我进入初中以来考得最差的一次。

多年后,我已大学毕业,而且被分配到机关工作。一次偶然的机会,我又碰到了张老师,提起那次批改试卷的事,我问他:"如果我那次把自己试卷上的错误答案修改一下，会怎么样？"

张老师说："如果你那样做的话，或许真的会影响你的一生。"

张老师告诉我，其实那次在让我批改试卷前，他已把我的试卷看了一遍，并算出了我应得的分数。我吃了一惊，如果那次我真的把错误答案给修改了，我在老师的眼中会变得怎么样？而在被老师戳穿我的伎俩后我又如何面对老师和同学？我的人生之路又会变得何去何从？

其实，生活中总是蕴藏着许多测试，让你在不知不觉中成为一个被测试者。你可能将你的诚实与正直显现在他人面前，也可能暴露你那自私与卑微的一面，虽然只是一次普普通通的测试，但这份试卷却足以改变你人生的轨迹。

小故事大道理

人生处处是考题，每个人在不知不觉中都会成为别人的测试者，重要的不是分数，而是我们应该怎样去对待这个测试。在别人的测试中保留自己的真诚和正直，还是显现出你的怯懦和卑微，这全都取决于你的态度，尽管分数的落差会让你不平衡，可这个过程足以改变你的一生。

那一记响亮的耳光
◇周洪学

> 老师的工作在今朝，却建设着祖国的明天；老师的教学在课堂，成就却是在祖国的四面八方。
> ——佚名

有一位老师，给我刻骨铭心的记忆，而我却至今不敢提起。

小学三年级的时候，教我的是一位严肃的男老师，他很欣赏我，让我做班长，而我也并未因为当班长而削弱自己的学业，每年的统考成绩，我都是名列榜首，是老师眼中的好苗子。

那年，正是顽皮的年龄，一次我和班里几个"捣蛋鬼"追打嬉闹，拿着棒子在课桌上狂奔，不知怎的，玻璃"哐"地碎了一地。我们都傻了，继而便四散逃窜，只有我傻傻地站在那儿。班里的"密探"立刻报告了老师，老师气愤异常，虎着脸走来，厉声说，是谁干的，眼睛分明恶狠狠地盯着我，我深低着头，不敢看他一眼。他把我叫到办公室，办公室里的老师很多，但那师生间僵持的寂静让我至今记忆犹新。他问我真实情况，问我是不是在桌子上跑跳，我故作冷静，托着腮，佯装思考，嘴里说："让我想想。"

"啪！"一记响亮的耳光打来，我的脸立刻热辣辣的，心里顿时慌作一团，头有点发昏。"有没有你？敢做就要敢当！""有……"我支吾着。从那以后，我怕了他，虽然他有几次刻意地亲近我，但我依然恢复不了对他曾经的好感。我知道，我对他已经耿耿于怀了。但是，也就是从那以后，我再也没有说过谎话，做事坦坦荡荡，不掩不饰。想想看，如果这还算个优点的话，那么这个优点应该是我那位曾经给我一记耳光的老师雕刻在我性格深处的。

时光流逝，现在自己也为人师表了，也当过班主任，但我始终没有动手打过哪一位同学，总是以好言相劝，动之以情，晓之以理，让他们能心悦诚服，然而，效果却没有一点点。我越发感到自己的婆婆妈妈了。

曾经留在脸上的手印早已平复了，当时的疼痛和眩晕也没有了丝毫，但不知怎的，我始终难忘那一记响亮的耳光，再没有怨恨，没有不满，只有太多的感激，它告诉我应该做一个什么样的人。

那位老师的名字，已然淡忘了——真恨自己的愚钝，但那一记响亮的耳光还时时浮现在耳际，它是我一辈子的记忆。

小故事大道理

很多的时候，老师的一巴掌，足以清醒我们混沌的大脑，不是说老师这样做就是在体罚学生，这是一种"恨铁不成钢"的鼓励。晓之以理，动之以情的劝说固然重要，可是，有的孩子就需要这一巴掌的疼痛，才能清醒。

让自己看见生命中的蓝天

◇林少汀

> 学的艺术不在于传授本领，而在善于激励唤醒和鼓舞。
> ——佚名

中考时，因没考上重点高中，我不禁感到心灰意冷。父亲的斥责在我眼里成了唾弃，母亲的鼓励也被我视为唠叨。一种难于道明的青春年少时期的叛逆使我开始憎恨这个世界，开始与父母、老师甚至自己作对。

班主任曾私下不止一次对我的同学断言，如果将来有一天，我也会有出息的话，那一定是上天瞎了眼。对此，我从来深信不疑。那时候的我是学校最鲜活热辣的反面教材，老师可以随时毫无顾忌地当着同学们的面将我贬得一文不值。

然而，一次戏剧性的偶然让我对生活的态度发生了截然改变。那是一次"学习交流会"，学校年级前20名的优等生在小会议室交流学习心得体会，而年级后50名的差生则安排在大会议室作"分流动员教育"。身为年级后50名的我当然是重点教育对象。虽然在校待了差不多两年，各种办公室倒是进过不少，会议室却是破天荒头

一遭,我竟阴差阳错误入了小会议室。后来我就想,这也许就是班主任所说的"老天瞎了眼"的时候吧。

主讲是一位小老头儿,一个挺有风度的外地教授。他所讲的无非是些现阶段中学生应该注意哪些心理问题什么的,听起来挺无聊的,弄得我昏昏欲睡。突然,朦胧中的我瞧见坐在老头旁边维持秩序的政教处主任的眼神奇怪地朝我这边闪了一下,一种不祥的预感从心头涌起。

果然不出所料,当着众多人的面,我被政教处主任"请"了出去。"你应该到大会议室去,那里才是你们这些垃圾待的地方!"政教处主任狠狠地对我喝道。

"发生了什么事?"老头走了过来。

"没什么,"政教处主任瞟了我一眼,不屑地说,"这个家伙不知好歹混了进来,我正要把他赶走,他是我们学校最差的学生!"我默不作声地瞪着他,心里的火焰蹿得老高。

老头扶了扶眼镜,和蔼地端详了我一会儿。"一个挺好的孩子,你怎么能够这样说自己的学生呢?"政教处主任的脸刷地尴尬起来。"如果你不介意继续听我讲座的话,我将深感荣幸。"老人对我说。刹那间,一股暖流涌遍了我的全身,一位德高望重的教授对一个不可救药的劣等生说"我将深感荣幸",我不是在做梦或

谨记铭心的教诲

是听错了吧？我激动得说不出话来，深深地向教授鞠了一个躬，直着腰从前门走出了小会议室。

"考上大学只能证明文化知识也许学得不错，会打球会绘画会唱歌会跳舞也仅仅表明一种生活的兴趣与修养，可是我们这些老师们却常常忽视了一个最基本的问题：怎样培养学生从小就以积极的心态面对生活，而这才是最重要的，谁也无法知道明天将会怎样，谁也没有权力去预言别人的明天，如果觉得生活对你不公平，不妨试着换一种心态生活，你或许会发现，摘下眼镜，蓝天始终还是蓝天……"老教授温暖的话语让我至今记忆犹新。

小故事大道理

"谁也没有权利去预言别人的明天"，每个人脚下的路都是自己走出来的，不能因为别人的成绩不好就忽略他其他方面的能力，应该从小就培养自己用积极的心态去面对自己的未来，同时也要换一种心态去对待别人，每个人都有自己的生活，谁也没有权利去评价别人的未来。

恩师的瘸腿

◇刘卫

> 春蚕一生没说过自诩的话，那吐出的银丝就是丈量生命价值的尺子。老师从不会在别人面前炫耀，但那盛开的桃李，就是对他最高的评价。
>
> ——佚名

20世纪70年代，一场学工热潮席卷了全国的中小学校。为了顺应当时的政治形势，我就读的中学由教物理的黄老师牵头，土法上马搞了一个浇模车间。

那天，我被安排和班上的一名同学抬铁水，再将滚烫的铁水浇在事先埋在煤渣里的模具中。接到这个既光荣又艰巨的任务时，我们兴奋不已。在一趟又一趟浇模中，我们唱起了高亢的革命歌曲。黄老师像体育教练一样，站在路边不停地嘱咐我们，小心点，一步一步要走踏实，看准模口，轻轻稳稳地倒进去。我听了，觉得黄老师太啰唆了，谁不知道这铁水会"咬人"哪！临近中午，我们干得比上一班多，一共浇了39个模。我兴奋地向同伴建议，干脆再多浇一个，凑个整数，他答应了。

最后那桶铁水，我们装得比较满。经过一上午的劳动，汗水模糊了同伴的眼镜片，走着走着，他突然一脚踏空，身体后倾，顿时,被掀翻的铁水像一条火龙般向我奔涌而来。我吓得不知所措。站在一旁的黄老师见状,大叫一声:"快闪开!"说完后,迅速用手中的铁锹铲了煤灰,阻挡向我流过来的铁水。被阻隔的铁水刹那间改变了方向,向黄老师的脚下流去。他痛苦地叫了一声"哎呀",接着像一团棉花一样软软地倒了下去……

铁水烧坏了黄老师的脚板。动了手术后,黄老师在医院的病床上躺了整整一个月。我流着泪跟父亲去看望了他。学校也撤掉了浇模车间。从那时起,校园里总能看到黄老师拖着残疾的腿缓缓而行的身影。

每年春节看望黄老师时,我总觉得欠恩师一笔心债。30多年来,那条瘸腿给他的生活带来了多少痛苦和不便啊!每次提及那千钧一发的瞬间,黄老师都淡然一笑,说:"没有什么,只要是老师,都会那样做的。"

在我当了老师后,总想把恩师对学生那份厚重的爱传承下去,播撒给我的学生。在后来的生活历程中,那段师生情时常在我脑海里萦绕。我懂得要尽力为周围的弱小者撑起一片绿荫,时刻提醒自己不要忘记为人师身上所担负的那份责任。

小故事大道理

老师的恩情是厚重的,每个学生都欠老师一笔心债,在我们不知不觉中老师一直都在播撒他们爱的种子,宁愿不顾自己,也要保全自己的学生。老师的爱、老师的恩情一直都在传承,"不养儿不知父母恩",是一样的道理。

我的老师

◇小海

> 用语言播种，用彩笔耕耘，用汗水浇灌，用心血滋润，这就是我们敬爱的老师崇高的劳动。
> ——佚名

上课脱鞋，晚自习挠痒痒，走路跟蜗牛有一拼……在学生中毫无形象可言。

要是说上课，实在发现不了和其他老师有什么不同，大家都说他只会读教案，说话速度慢得可怜。然而大家却都能感觉到，在老师一节课结束后，似乎背书变得容易多了，甚至下课就能背出来。表面上无法比较以前的老师与他谁的课上得好，但答案似乎在无形中便已揭晓，或许我的观点有些片面，或许应该说各具特色吧。那么速度慢，有感情的慢，就是他的特色吧，说到这里，不得不说老师是实实在在地把他所知道的都传授给我们。正因为如此，他教的两个班才永保一二名。

他总是说他不知道为什么我们班总是远远超出其他班，他说应该是大家背书的效果吧，说得好真心，毫无半点修饰，却不知是他的好，是他在感染着我们。他也很严谨，作为一名历史老师，他对汉字读音的准确性几乎高于语文老师。当然有时也会错，大家就会哄堂大笑，面对我们的笑，他也会很可爱地和我们一起笑。

他对我们的感情那是绝对的真，他从来都不会批评我们，有也只是他自认为而已，在我们看来那根本就不算。应该说老师从内心根本就没有批评我们的意识，他根本就不会，在他心里没有老师的高姿态，把我们当孩子；他只希望通过他的付出，让我们进步，让我们成长。他会顾及我们的感受，甚至想的比我们自己还多。

前几天他感冒了，鼻水直流，嗓子全哑了，可他到班级什么要我们体谅之类的话都没说，只是和平常一样上课，大家都可以感觉到老师说话很吃力，老师就这样忍着痛讲。其中有一天，他脸烧得通红通红的，他没有休息，没有挂水，毅然来给我们上课，大家都好心疼啊！他的付出让我们彻彻底底地感动了。

他不会很在意自己的形象，痒就很自然地去挠，晚上坐班时也有着孩子般轻松自在的坐姿，这并不是为人师表做得不好，而是自己最真的展现，不需要掩饰什么，难道最真的不是最美的吗？

他让我们大家感动，所以作为学生大家对他有着相当的敬意。有一次他下课拖课，而下一节是班主任的课，班主任就敲门让老师下课（班主任一定以为大家感谢他，可他错了，本来大家是想下课的，被班主任这么一喊，大家反而希望老师继续，这大概就是人格的魅力吧。他让我们发自内心地去热爱那门学科，觉得学不好就对不起他，所以我们努力了。

当然，他也给我们带来了很多的惊喜，他会打球，会唱歌，会跳舞，可谓"文武双全，多才多艺"。

老师的生活因为真心真实所以潇洒精彩。这不正是人生最应该追求的吗？

或许没有地震中的老师那样轰轰烈烈，却无私奉献默默无闻，足以让我们感动。

小故事大道理

老师就是在教书的基础上还有一颗慈母般的心，设身处地为学生着想。教书本来就不容易，再加上育人就更不容易了。老师的责任越来越重大，教育有方、平易近人的好老师，才更受到学生们的爱戴。

老师赠送的一件礼物

> 不计辛勤一砚寒，桃熟流丹，李熟枝残，种花容易树人难。幽谷飞香不一般，诗满人间，画满人间，英才济济笑开颜。
> ——佚名

在我的书房里珍藏着一本64开的塑料皮笔记本，它是我初中的班主任孙老师在我临毕业时赠送给我的，距今已有30余年。这件看似有点寒酸的礼物，它的意义、它的内涵却十分深远，它包含了我和孙老师的师生情感。

笔记本的扉页上这样写道："志当存高远。"右下角署着孙老师的名字，本子里至今洁白如初，未记录只言片语，多少年来，我一直在思考当初为什么没有用这个笔记本？岁月的涛声告诉我："不忍下笔，大空即大实，白纸有华章。"

孙老师教我们语文，他是一个知识面很广且有教育经验的老师，起初我并不买他的账，上课不是打瞌睡就是做小动作，孙老师让我站起来回答问题，我总是爱答不理地站在那里，一言不发。有一次孙老师真是发火了，用很大的声音责令我立即站到院子里去，就这样我在院子里整整站了一节课的时间。下课铃响了，孙老师夹着课本走到我面前，严肃地说了一句："到我办公室来一下！"我轻蔑地看了一眼孙老师，就跟着他进了他的办公室，孙老师把书本放在桌子上后，就语重心长地对我说："人生必须有一个志向，实现自己宏志的基础就是学习知识，只有有了知识，你才能实现自己的梦想……"孙老师一番语重心长的话打动了我，从此我开始勤奋学习，孙老师也对我非常关注，经常亲自给我补课，使我的学习成绩进步很快。毕业考试语文我得了95分，孙老师高兴地又把我叫到他的办公室，拉开抽屉拿出了那个塑料皮笔记本，郑重地对我说："这次毕业考试你的成绩不错，马上你就要升入高中了，老师也没有什么送给你的，就送你一个笔记本作个留念吧。"我噙着泪水接过这贵重的礼品，深深地向孙老师鞠了三个躬，孙老师像父亲那样抚摸着我的肩膀只说了一句："好好学习。"

　　后来我升入了高中，虽然距离孙老师远了，但我的心里始终对他充满敬重之情。那年八月十五，我提了一篮子我们村的柿子并放了两包月饼到孙老师家看望他。以前我从来没有去过孙老师家，对他的家境我一无所知，今天一见使我心情非常沉重：两间低矮的破草房，院墙是用土垒的，屋里空荡荡的，一位老人看上去有70多岁，病怏怏地坐在那里，不用说肯定是孙老师的父亲；里屋的床上坐着一个傻里傻气的半大小孩，他就是孙老师唯一的儿子，孙老师的爱人正在喂他饭吃，我进屋后亲切地叫了一句："师母，过节了，我来看看孙老师和师母。"师母一看客人来了赶快给我搬了一个凳子，并给我倒了一杯糖开水，我坐了一会儿就心情沉重地离开了孙老师家。

　　走在路上我一直在想，孙老师不愧是我敬重的好老师，家境这么贫寒，但他从来没向我们透露过只言片语，也从来没有因家事影

响他的教育事业,并拿出毕生的精力奉献给教育事业,是我终生学习的典范。

现在孙老师已退休在家,听说为了接济家里他在村上办了一个小百货超市,生意还可以。有一年国庆节,我的一位初中同学出差来焦作,给我捎来了孙老师托他带的两句话:一是他相信我的为人和能力;二是祝愿我全家幸福,工作愉快。我再一次收到老师的"礼物",心情格外激动,当着老同学的面,我不经意地让自己的心绪在惭愧而又幸福中飘荡……

小故事大道理

一本无字的笔记本,有着"此处无声胜有声"的诉说,有太多老师的爱和关怀记录其中,有太多寄托和希望叙写其中,还有学生对老师的感激和敬重也在其中。如果是这样,又怎么能说老师赠送的这个笔记本是无字的呢?

老师的眼泪

◇齐云

> 教师是我们国家和民族得以生存和发展的文化载体,是精神文明传递的火种,是人类灵魂的工程师。
>
> ——佚名

初中二年级时,我竟莫名其妙地喜欢上了我的语文老师。

老师姓杨,爱穿白色裙子,她在讲台上讲蓝蓝的天空,青青的草,像一片白云飘来飘去,轻盈极了。

她有一双大而明亮的眼睛,笑时,便成了甜甜的弯月……

"齐玉。"杨老师叫我。

我发怔。

"为什么走神?"她停止讲课,走到我面前。

她走到我眼前……可我仍愣愣的。"我,我喜欢看你的眼睛。"我说。同学们爆发出哄堂大笑,在笑声中,她的脸红红的,美丽的眼中似乎还有泪水——她刚从师范大学毕业呢。

"你——请你出去。"

我懊恼地走出了教室。她从没发过火,这一次一定真生气了。

第二天,杨老师叫我们写周记,我花了整整一个晚上,把心里

谨记铭心的教诲

的苦水倒了出来:"美丽的妈妈死了,爸爸根本就不管我,整天就知道玩麻将、赌博,被公安局抓走,判了3年刑。我冷了、饿了、怕了、病了,也没人知道。那时我常常一边哭,一边看妈妈的相片;可现在我长大了,是个男子汉,我不哭,把泪水咽进心里。我只有恨,恨爸爸。我毕竟是个孩子,需要爱护,需要有人听听心里话。我选择了我的语文老师。因为,她像妈妈。"

不久后的一天,杨老师把我叫到她的宿舍,我诚惶诚恐地走到她的房间,只见她眼睛红红的。

"原谅老师,好吗?"

泪水涌出我的眼睛,尽情流淌。在同学面前,甚至在爸爸面前,我从不流泪,可在她面前我做不到,我哭了,尽情地哭了。

她等我哭完,便为我擦干泪水,轻轻地讲了一个姑娘的故事:

"一个小姑娘上中学时,父母在一次车祸中双亡,只剩下她孤苦伶仃一个人。当小姑娘绝望时,是她的老师收养了她,给了她生活的勇气和无微不至的关怀。后来,小姑娘考上了师范大学,可她的老师不行了。弥留之际,小姑娘跪在老师床前,哭着说:'妈妈,我还没报答您哪!'老师却含笑地说了一句:'给你未来的学生吧……'"

老师泪水盈盈。

我明白了:"杨老师,你也……"

她擦了擦眼泪,微笑着扶住我

的双肩:"你是个男子汉,对吗?"

我呜咽着点点头。"你恨爸爸,这不好,男子汉不是这样的,男子汉是笑着对待整个世界的,真的。笑一笑,你笑一笑。"

我咧了咧嘴。

小故事大道理

学生的感情细腻而真诚,有的时候他们把生活中无法寄托的爱或者感情寄托到他们信任的老师身上,老师最初的眼泪就是因为无法承载这样的爱而流淌的,后来她明白了这种爱关乎一种情感,一种依赖。老师勇敢地接受了学生爱的寄托,这是师生间的一种交流,一种爱的馈赠。

阅读反馈

_____学校 ___年级___ 班级 ___姓名_____指导教师_____

一、选择题

1.在《三儿老师》中，你认为（ ）是衡量一个老师的标准。

　　A.身高　　　B.体重　　　C.老师的品质　　　D.老师的家庭背景

2.在《换只手高举你的自信》中，如果学生不会回答这道题，老师让他（ ）。

　　A.站起来　　B.举起他的左手　　C.举起他的右手　　D.写检讨

3.在《爱的背影》中，每天都照顾这个女学生的人是（ ）。

　　A.学生的阿姨　　B.学生的姐姐

　　C.学生的姑姑　　D.学生的老师

4.在《藏在信里的天使》中，（ ）是真正写信的人。

　　A.妈妈　　B.女同学　　C.同桌　　D.老师

5.在《能给予就不贫穷》中，女学生把（ ）送给了老师。

　　A.一双画在纸上的鞋子　　B.一朵红花

　　C.一个笔记本　　D.一本书

6.在《一堂课改变了我》中，老师让"我"懂得了（ ）的重要性。

　　A.自私　　B.快乐　　C.勇敢　　D.信任

7.在《纸篓里的老鼠》中，纸篓里的老鼠是（ ）。

　　A.自己爬进去的　　B.同学们放进去的

　　C."我"扔进去的　　D.老师放进去的

8.在《老师赠送的一件礼物》中，老师送我的礼物是（ ）。

　　A.自行车　　B.笔记本　　C.铅笔　　D.书包

9.在《我与恩师的故事》中,我们从中学到了( )。

　　A.做人要守信用　　　B.做人要诚恳

　　C.做人要有权威　　　D.做人要学会感恩

二、简答题

10.在《那一记响亮的耳光》中,老师给"我"的那一记耳光对"我"有哪些触动?

11.《让自己看见生命中的蓝天》这则故事,告诉我们哪些道理?

指导教师评语